FAMILY BUSINESS SUCCESSION

家业·传承

如何永葆家族企业基业长青

陈 扬 主 编

李永芳　刘百功　副主编

中国青年出版社

图书在版编目（CIP）数据

家业·传承：如何永葆家族企业基业长青/陈扬主编；李永芳，刘百功副主编.—北京：中国青年出版社，2024.8.—ISBN 978-7-5153-7425-3

Ⅰ.F279.245

中国国家版本馆CIP数据核字第2024WT3720号

责任编辑：彭岩
出版发行：中国青年出版社
社　　址：北京市东城区东四十二条21号
网　　址：www.cyp.com.cn
编辑中心：010-57350407
营销中心：010-57350370
经　　销：新华书店
印　　刷：中煤（北京）印务有限公司
规　　格：660mm×970mm　1/16
印　　张：15
字　　数：200千字
版　　次：2024年8月北京第1版
印　　次：2024年8月北京第1次印刷
定　　价：125.00元

如有印装质量问题，请凭购书发票与质检部联系调换
联系电话：010-57350337

目　录

前　言

改革开放以来，伴随着民营经济的蓬勃发展，家族企业的发展也如日中天。家族企业作为民营经济的重要组成部分，在国民经济中有着举足轻重的地位，是推进中国式现代化的生力军，是高质量发展的重要基础，是推动我国全面建成社会主义现代化强国、实现第二个百年奋斗目标的重要力量。在经历了初代创业者40余年的奋斗历程后，绝大多数家族企业正处于向接班人传递"接力棒"的关键时期。据波士顿咨询公司2021年的调查结果，中国百强家族企业创始人的平均年龄已超过60岁。可见，家族企业代际传承势在必行。所谓"创业难，守业更难"，家族企业的代际传承并不是一件容易的事，"传不过三代"似乎是个魔咒。如何进行顺利传承，使家族企业得以长治久安、永续治理是重要且难解之题。

子承父业是我国家族企业传承的主要模式。家族企业创始人向核心家庭中的二代或三代成员传递家族企业领导权既是对家族和企业长期利益的守护，也是对家族企业核心价值观和使命的延续。方太集团创始人茅理翔曾说"一代企业家把辛辛苦苦打拼的企业传给二代，传递的不仅是财富，更是责任和担当"。换言之，家族企业传承不仅涉及财富传承，更涉及事业传承。事业传承是家族企业代际传承的一个重要方面。本书围绕家族企业的事业传承，就事业传承"是什么"、"传给谁"、"传什么"和"如何传"四个方面进行理论和实践应用总结，以期为我国家族企业顺利传承提供参考，助推家族企业持续治理为中国式现代化贡献力量。

本书编写总体以"总—分"为结构，在内容设置上遵循"三纵三横"的逻辑。前三章为"总"。其中第一章重点对家族企业和代际传承进行了阐述，阐释了家族企业代际传承"是什么"和"传给谁"的问题。在阐述代际传承的基础上，引出家族企业的事业传承，并围绕"传什么"和"如何传"对事业传承的传承内容和传承模式进行了进一步的总结。第二章从全球视角总结并归纳了国内外家族企业代际传承的模式，并对中外模式进行了比较。第三章则发挥了承上启下的作用，重点针对"如何传"这一问题，总结了家族企业事业传承的衡量标准和实践经验。

后面六章为"分"，从"传承者——继承者——其他利益相关者"的视角出发，遵循"理论总结——实证研究——案例分析"的逻辑思路，就家族企业如何进行事业传承这一问题进行阐述。第四章和第五章分别从传承者和继承者的视角出发，阐述事业传承中的传承意愿、传承规划和传承内容以分析如何进行事业传承，并分别以家族卷入和传继意愿一致性为主题开展实证研究，分析家族企业卷入和"传—接意愿"一致性分别对家族企业成功传承的影响机制。第六章则从其他利益相关者的视角阐述了家族企业在事业传承中继承者所面临的来自其他利益相关者的影响，并以高管团队的竞争对继任绩效的影响为主题开展实证研究。第七章至第九章是案例分析，分别对乡都酒业、双汇和大亚圣象三个家族企业的事业传承案例进行了分析，从案例中总结经验、汲取教训，以更深刻地认识家族企业事业传承。

本书是团队合作的成果，由电子科技大学经济与管理学院博士生导师、教授陈扬，西华大学管理学院讲师李永芳和普智咨询创始人、德荣投资集团董事长刘百功合著。人员分工如下：陈扬教授担任主编，对本书的大纲、逻辑结构和主要内容进行了设计，对撰写过程进行了把控和指导；李永芳负责各章节内容撰写的协调和统稿；刘百功董事长负责本书所涉及实证研究调研资源和案例资源的协调以及对撰写内容的指导。第一章撰写人员为王珏慧（西南财经大学工商管理学院，在读博士）、唐榕彬（西南财经大学工商管理学院，在读博士）和王紫梦（深圳双太科技有限公司，员工）；第二章撰写人员为易鑫文（西南财经大学工商管理学院，在读硕士）和杨伶（西南财经大学工商管理学院，在读硕士）；第三章撰写人员为李永芳和杨颖（西南财经大学工商管理学院，在读硕士）；第四章撰写人员为唐榕彬；第五章撰写人员为王珏慧；第六章撰写人员为李永芳和王紫梦；第七章撰写人员为易鑫文（西南财经大学工商管理学院，在读硕士）；第八章撰写人员为杨伶；第九章撰写人员为杨颖。

编写过程中，本书在内容敲定、结构设计、章节安排、案例选取、实证分析和表达方式等方面听取了多方意见，进行了反复修改。特别是在实证研究中对100多家家族企业进行了实地调研，在案例分析时对乡都酒业等进行了深度访谈并通过多种渠道获取信息。尽管如此，本书可能仍然存在一些不足之处，敬请读者批评指正。

编写组

2024 年 4 月

chapter one

第一章

家族企业的代际
传承

第一节　家族企业

一、家族企业缘何重要

在人类历史发展的长河中，家族企业历久弥新。家族企业作为世界上古老且重要的组织形态，是经济社会中普遍存在且具有旺盛生命力和影响力的组织，如美国沃尔顿家族创立的沃尔玛集团、德国保时捷家族创立的大众集团、中国何享健家族创立的美的集团等。在美国标准普尔500指数中，33%的上市公司由家族控制或管理。根据全球家族企业研究所2017年的数据显示，家族企业占据全球企业数量的三分之二，对全球GDP的贡献率高达70%，其中不乏百年家族企业[1]。而根据麦肯锡的预测，到2025年，新兴市场年销售额超过10亿美元的企业中家族企业所占比例将会超过37%[2]。尽管这些统计数据的统计视角不同，但都说明家族企业在世界范围内经济社会的发展中占据了重要地位。

在中国，民营经济为经济高质量发展做出了突出的贡献，贡献了50%以上的税收、60%以上的GDP、80%以上的城镇就业，是国民

[1] 中华全国工商业联合会.2022中国民营企业社会责任报告[N].光明日报,2023-
2-22（10）.

[2] 国家统计局.2023年前三季度国民经济运行情况[EB/OL].（2023-10-18）.
https://www.gov.cn/lianbo/bumen/202310/content_6909814.htm.

经济的重要基础，具有不可动摇的重要地位[1]。其中，家族企业占据了民营企业数量的80%以上，是国民经济的关键组成部分。据《中国民营企业社会责任报告（2022）》，2021年家族企业贡献税收收入9.8万亿元，占企业税收总量的59.6%。此外，72.8%的家族企业用工数呈上升态势，为经济增长、纳税贡献和缓解就业问题提供了最直接、最有力的支撑[2]，其在国民经济发展过程中的突出贡献为建设中国特色社会主义现代化保驾护航。因此，家族企业群体发展过程中所面临的重大问题不仅会对家族企业产生重大影响，也会对经济社会发展产生重要影响。聚焦于探讨家族企业所面临的重要问题并促进其可持续发展，不仅是企业界和学术界的重要关切，也是经济社会发展所关注的重点。

二、何谓家族企业

"我希望孩子们理解企业的价值，一个家族传承的，决不能只有财富。"

——山姆·沃尔顿

沃尔玛（Wal Mart）集团是全球最大的零售企业，其自1962年成立以来，曾连续9次、累计17次登顶《财富》世界500强排行榜榜首。其经营范围包括超市、百货商店、药店等，业务遍及全球27个国家，拥有超过11000家门店和240万名员工，其中2022年销售额达到6113亿美元，利润为117亿美元。现如今，

---

[1]　国家统计局.2023年前三季度国民经济运行情况.2023.

[2]　全国工商联.中国民营企业社会责任报告（2022）.2022.

作为沃尔玛集团最大的股东——沃尔顿家族拥有沃尔玛约48%的股份，财富累计高达2470亿美元，是美国迄今为止最富有的家族。家族财富主要由沃尔顿家族办公室——沃尔顿企业有限公司（Walton Enterprise LLC）掌控。

作为沃尔玛集团的创始人，山姆·沃尔顿是一位极富创业精神的零售商人，他在20世纪60年代开始开设便利店和超市，并在经营过程中始终秉承着家族企业的理念，将公司逐渐扩展为全球最大的零售企业之一。事实上，沃尔玛的成功离不开家族企业的优势，如家族成员之间的信任、紧密合作和持续的经营承诺。

山姆·沃尔顿育有三子一女，分别是长子罗伯、次子约翰、三子吉姆和小女儿爱丽丝。早在创业之初，山姆就将沃尔玛股份平均分为5份，通过设立股权信托，4个子女各得20%股份，剩下20%由山姆及其妻子共同持有。在对孩子的教育培养方面，山姆以勤俭作风言传身教，4个子女从小就需要在各个商店帮忙干活，以了解家族企业相关业务，同时也得到应得的劳动报酬。

自1992年山姆去世后，由于其他子女对零售业兴味索然，长子罗伯接任了沃尔玛董事长之位，并延续山姆在任时所采用的公司治理策略，采用职业经理人的方式管理家族企业，让专业的人做专业的事，而其则以监督者的角色，充当公司与家族之间的桥梁，从而实现企业的经济财富最大化及家族的情感财富最大化。此外，鉴于山姆在子女成长过程中的言传身教，沃尔顿家族的后代一直对出售股权者很谨慎，并反对增加企业分红，十年如一日地将企业财富用于发展扩张，也正因为如此，沃尔顿家族长期占据着全球富豪家族榜首。时至今日，沃尔玛集团已经传承至第三代，并由罗伯的女婿格雷戈里·彭纳接任董事长，沃尔玛这艘巨轮也依然行驶在正确的航线上[1]。

那么，究竟什么样的企业可以被称为家族企业呢？事实上，长期以来，沃尔玛这类企业就被视为家族企业。进一步具体地讲，具备哪些特征的企业可以被称为家族企业呢？自20世纪80年代以来，国内外许多企业家和学者试图对家族企业给出明确的解释和定义。然而，时至今日，依然尚未达成共识。鉴于具有一个明确的定义是社会科学研究领域知识积累和理论体系构建的前提和基础，本书根据家族企业参与要素法[2]和本质定义法[3]的基本逻辑（Chrisman et al.，2003），综合考虑中国管理情境下的企业特性与《中华人民共和国公司法》中对于企业特征的相关表述，将家族企业定义为同时满足下列三个条件的企业：

第一，企业实际控制人及其家族成员持有企业34%以上的所有权（即家族所有权达到相对控股比例）；

第二，企业实际控制人及其家族成员至少有一位任职于企业董事

---

[1]　山姆·沃尔顿，约翰·休伊.富甲美国：沃尔玛创始人山姆·沃尔顿自传[M].南京：江苏文艺出版社，2015.

[2]　家族企业参与要素主要包括家族企业的所有权（股权）和管理权。

[3]　现有研究主要从以下视角识别家族企业的本质。（1）家族治理视角：强调家族的影响力，认为家族企业是由家族参与和互动而形成的独特的、不可分割的资源和能力，进而对企业战略方向产生了巨大影响的一类企业（Chrisman et al.，2003；Handler，1989）。（2）家族行为视角：认为家族企业是由同一家族或少数家族成员控制的，以一种在家族成员或家族各代之间可持续的方式经营的企业（Venter et al.，2005；叶国灿，2004）。（3）家族价值观—文化视角：强调家族价值观作为家族企业文化支柱的重要性，比如家族控制意图（Litz，1995；王陆庄等，2008），以此使家族企业与其他企业区分开来（Aronoff，2004）。（4）资源视角：家族资源是指家族因参与及其与其他家族企业子系统间的相互作用所产生的独特的、不可分割的、协同性资源和能力（Habbershon et al.，2003）。

会或高管团队；

第三，家族试图让下一代成员继承企业的所有权。

三、家族企业的重要话题

自 20 世纪 80 年代以来，业界和学界对家族企业的关注越来越多，围绕家族企业在运营过程中所涌现出的一些关键问题，涉及了比较丰富的话题。在本小节，我们通过对家族企业相关的重要话题进行详细的梳理，将家族企业的重要话题归纳为家族企业治理、家族企业发展、家族企业权力和代际传承四个方面，如表 1-1 所示。具体而言，关于家族企业治理机制重点讨论了家族治理结构与模式；关于企业发展则重点讨论了家族企业的创业、成长与绩效；关于家族企业权力则重点讨论了家族企业的控制权和管理权以及其对家族企业发展的影响。鉴于近年来家族企业面临一、二代交接现状，代际传承这一话题备受关注，本书将在第二章详细介绍代际传承的相关内容。

表 1-1 国内外研究者对家族企业的研究话题分类

研究领域	研究主题	研究
家族企业治理	企业战略；公司治理；企业管理；家庭企业治理问题；公司治理与代理问题；家族企业管理与对策分析；治理结构；职业经理人；信任问题	Yu et al.（2012）；Evert et al.（2016）；Evert et al.（2016）；石本仁和张俭（2013）；魏志华等（2013）；李新春等（2020）
家族企业发展	企业成长与绩效；企业绩效；企业绩效与增长；家族企业的创业与成长；家族企业成长与发展；企业业绩；个人与企业关系动态	Dyer and Sánchez（1998）；Yu et al.（2012）；Evert et al.（2016）；石本仁和张俭（2013）；魏志华等（2013）；李新春等（2020）

续表

研究领域	研究主题	研究
家族企业权力	产权与控制；家族控制；家族成员关系动态；家族企业角色和家庭动态；家族涉入；家庭人际关系	魏志华等（2013）；李新春等（2020）；Dyer and Sánchez（1998）；Yu et al.（2012）
代际传承	家族企业传承；企业传承；代际传承；社会资本；社会情感财富	Dyer and Sánchez（1998）；Yu et al.（2012）；魏志华等（2013）；李新春等（2020）

资料来源：作者整理所得

1. 家族企业治理

在家族企业的发展过程中，由于其特有的家族性特征，公司治理尤其是权力治理和监督机制存在较大的问题，加强家族企业治理成为家族企业持续发展的基础和关键。基于此，公司治理问题则成为家族企业研究的一个核心问题，并吸引了战略管理、公司治理领域的学者的广泛关注。本部分旨在通过对家族企业研究领域内与公司治理相关话题进行介绍，探讨家族企业治理现状、问题及改进措施。

（1）家族企业治理现状

家族企业作为一种特殊的企业形式，具有独特的企业制度和治理结构。研究表明，家族企业最显著的特点是家族企业与家族成员之间存在独特的权力、利益和资源关系，从而形成了独特的治理模式。这种模式通常是由具有血缘、婚姻关系的家族成员共同掌握企业控制权，建立由家族成员和外部经理人共同组成的企业治理结构。

然而，虽然家族企业治理模式具有独特的优势，但由于其独特性，也往往容易导致公司治理过程中产生一些问题，具体而言：

① 家族成员个人利益和企业发展目标的矛盾。由于家族成员与非家族成员所持股份的比重往往不均衡，因此当持有较高企业所有权的家族成员对于企业的发展战略与职业经理人之间存在差异时，可能会迫使经理人采取有悖于自身判断的管理行为，从而使得企业在经营过程中存在混乱。

② 企业发展主导权的争夺。在家族企业董事会和管理层中，家族成员的占比往往不少。一方面，来自家族内的成员会由于血缘、婚姻关系的联结，减少代理行为，更好地应对企业外部威胁。但另一方面，当家族成员面临诸如企业发展方向的分歧或严重的家族纷争时，会严重阻碍管理层的内部沟通，成为制约家族企业发展的重要因素。

③ 公司治理结构缺失。首先，家族成员在企业中常存在一定的特权，使得其权力（无论是来自职务的正式权力还是来自关系的非正式权力）凌驾于职业经理人之上，因此非家族成员在企业的经营管理中的行为常受到家族成员的影响。其次，家族企业中的监事会成员常由家族成员担任，尽管其会出于家族整体利益而认真监督外部经理人，但其对于家族内部成员的监督力度较低，也因此容易导致家族内部腐败的滋生。

④ 资本结构不完善。大多数家族企业往往使用自有资金进行投资和扩张，很少使用其他形式的融资手段来实现快速发展。这种资本结构的不完善导致家族企业在发展过程中无法灵活应对市场变化。

（2）家族企业治理问题与改进

① 完善公司治理机制。在家族企业中，家族成员通常掌握着公司独有的秘密和资源，通过这些资源获得较高的政治地位和机会，而非家族成员往往无法获得同等机会。研究表明，家族企业可以通过完善公司治理机制，建立稳定的企业制度，并加强内部控制，以避免家族化治理对企业发展的负面影响。具体而言，家族企业可以通过建立合

理的治理结构，明确董事会、股东会和监事会的权力分配，规范各个机构的职责，协调各方面的关系。此外，家族企业需要建立规范的经营决策流程，确保家族成员与非家族成员之间的权益平等，从而确保公司的长期经营和发展。以我国家电行业龙头美的集团为例，其在快速发展的同时，不忘向国外的先进企业学习。1997年，美的集团创始人何享健赴日本松下电器访问，回国后即对美的集团内部进行改革。取缔了之前由他一人全部管理的模式，将集团分成几个事务部，由总经理负责日常的经营情况。在改革之后，美的迎来高速发展的时期，在2000年，销售收入达到了105亿元，从30亿元的销售额，到破百亿元，美的集团仅仅用了四年的时间[1]。

②增加家族企业对于外界的透明度。家族企业通常对外保持较低的透明度，这容易导致不实传言和猜疑，危及投资者对企业的信任。因此，家族企业不仅要在公开财务信息和管理政策上更加透明，还要加强对社会的反馈和公众对企业的信任。具体而言，企业可以建立坦率、诚实、透明的社交媒体平台，参加行业会议，甚至建立企业博物馆来展示企业的历史和成就。此外，开放公司财务信息、治理结构、管理政策等相关资料，公开公司股东名单，以及聘用独立审计员进行审计等措施也是增加透明度的有效方法。

③加强人才引进和培养。家族企业加强人才引进和培养是改善企业治理的关键。加强人才引进和培养可以解决企业内部专业知识不足等问题，推进家族企业转型升级。因此，加强教育培训和交流，引进有利于企业创新和发展的人才，是家族企业治理的重要实践措施。

④增强企业社会责任意识。增强企业社会责任意识是家族企业加强治理的重要手段。家族企业作为一种特殊的企业形式，其社会责任

---

[1]　方洪波.美的这次变革要比2012年更坚决[J].经理人，2017（10）：4.

意识占据着家族企业治理的重要位置。建立企业的社会责任意识，注重企业的社会形象，可以提高企业的社会知名度和企业的社会声誉，在企业发展过程中处于领先地位。以美国著名洛克菲勒家族为例，其创始人老洛克菲勒为洛克菲勒集团的商业帝国奠定版图，而其接班人小洛克菲勒则通过慷慨的慈善活动，让洛克菲勒集团真正声名鹊起，成为美国最成功、规模最大的企业集团之一。

（3）总结

综上所述，家族企业的治理和经营上发生的问题主要来自家族企业自身的特性及其企业治理结构上存在的问题。基于此，在家族企业的治理过程中，需要注重公司治理机制的优化与创新、增加企业透明度、加强人才引进和培训、增强企业社会责任意识，从而推进家族企业转型升级，增强企业的核心竞争力，实现家族企业的可持续发展。

2. 家族企业成长

家族企业的成长是家族企业领域长期以来备受关注的重要议题，事实上，持续的增长和卓越的绩效表现是每一个营利性组织的核心目标，家族企业也不例外。在家族企业的发展过程中，企业在资源获取和创新水平方面存在较大的不足，也因此对企业成长与绩效产生了一定负面影响。本部分主要是对家族企业成长与绩效相关话题进行介绍。

（1）家族企业成长面临的关键问题

① 资源获取能力不足。首先，由于家族企业自身特性，家族企业在初创阶段通常依赖于家族成员的资金和资源。然而，当家族企业进行扩张、转型和升级时，由于缺乏融资渠道和融资能力，会降低企业的成长速度。其次，家族企业通常以家族成员为主导，缺乏对外部人才的引进和使用，从而难以提高企业的专业能力和管理水平。同时，

家族企业的传统文化和管理模式可能会限制员工的发展空间和激励机制，导致人才流失和招聘难度加大。最后，家族企业通常依赖家族成员和既有客户，缺乏市场拓展和客户开发的意识与能力。由于缺乏市场信息和营销策略，家族企业在市场竞争中容易受到其他企业的挤压和排挤。

② 创新能力不足。首先，家族企业在成长过程中可能受到家族成员传统思维和经验的限制，从而导致创新能力不足。其次，家族企业通常具有较为保守的组织结构和管理方式，难以适应快速变化的市场和技术环境，从而限制了创新能力的发挥。再次，家族企业通常缺乏创新型人才和技术研发能力，难以开展前沿科技研究和创新实践，从而限制了创新能力的提升。最后，家族企业通常缺乏充足的资金和资源，难以进行大规模的研发投资和市场拓展，从而限制了创新水平的提升。

（2）家族企业持续成长的应对措施

① 注意外部资源的获取。家族企业可以通过吸收外部投资、借款等方式来获得资金和其他资源，从而帮助其扩大规模、进入新市场、推动技术创新等。此外，与其他企业建立合作伙伴关系或联盟也是一种获取外部资源的方式，可实现资源共享和互利合作。知名家族企业如新希望、通威集团在发展壮大过程中，与外部企业紧密合作，实现了资金和技术的互补，共同实现企业的发展目标。

② 进行内部资源统筹整合。家族企业通常拥有家族成员、员工和资产等内部资源。通过有效整合和利用这些内部资源，家族企业可以提高自身的资源效益。例如，通过内部培训和人才选拔，提高员工的专业能力和工作素质，进而提升企业的竞争力。此外，通过内部创新、流程优化等方式，提高资产的使用效率，降低成本，实现内部资源统筹整合。

③ 提升创新及创造能力。首先，家族企业应加强企业战略规划，制定长远的战略规划，注重与市场变化和竞争环境相适应，重视研发和创新投入，以实现企业的可持续发展。其次，建立开放式的创新文化，鼓励员工敢于创新和尝试新的想法，营造开放、包容、鼓励创新的文化氛围，以吸引并留住有才能的员工。最后，建立合理的激励机制，激励员工积极投入创新工作中，增强员工的创新意识和创新动力。

（3）总结

综上所述，家族企业的成长与绩效所存在的问题主要来自家族企业资源获取能力和创新水平的不足。因此，在家族企业的成长发展过程中，需要注重外部资源的获取、内部资源的统筹整合，以及创新与创造力的提升，从而推动家族企业的可持续发展和良性增长，提升企业绩效。

3. 家族企业权力

（1）家族企业所有权与控制权问题

家族企业作为由家族成员共同经营和控制的企业，其所有权和控制权通常由家族成员掌握。在家族企业中，所有权和控制权的关系密不可分，这是因为家族成员拥有企业的所有权，从而也具备了控制企业的权力。然而，鉴于家族企业的独特性，使得其在分配企业所有权与控制权时，容易导致一些管理难题的出现，具体如下。

① 所有权和控制权高度集中。首先，家族企业通常由家族成员拥有和控制，这使得所有权和控制权高度集中，家族成员可能会在企业管理和决策中占据重要地位，使得企业缺乏多元化和灵活性。其次，当家族成员之间或家庭成员个人的利益与企业的利益发生冲突时，这可能会影响企业的长期发展。最后，家族企业中的控制权可能会受

到家族成员之间的争斗和冲突的影响，这可能导致企业决策的延迟或错误。

②　所有权传承困难。由于家族企业的传承主要通过家族成员之间的继承来实现，这意味着所有权的传承可能会受到亲戚之间的关系、纷争和利益的影响，从而导致传承困难。

③　缺乏专业化的管理和科学的治理机制。在家族企业中，家族成员通常是企业的管理者，他们可能缺乏专业化的管理能力和经验，导致企业管理和运营的不足。此外，由于家族企业中家族成员的权力分配和决策制定往往缺乏透明度和规范性，缺乏合理的治理机制，可能导致企业管理和决策出现失误和矛盾。

上述问题可能导致家族企业的管理和运营不够高效和透明，缺乏稳定性和可持续性，进而影响企业的长期发展和生存。

（2）家族企业所有权与控制权问题的改进

为了解决家族企业所有权和控制权面临的挑战和问题，管理学提出了许多相关理论和实践方法。其中，家族委员会和家族宪章等方法成为家族企业管理中比较常见的方式。

①　建立家族委员会。在家族中设立家族委员会，在企业中设立董事会，家族委员会与企业董事会保持平行地位平行设置，虽然有人员的重叠，但两者各自承担不同的职责。家族委员会则负责家族事务的处理，企业董事会主要讨论与企业运营相关的重要战略决策，家族委员会则负责家族事务的处理。二者的平行设置在于明确家族系统和企业系统的主次关系，不管家族成员之间分歧有多大，不管协调成员利益需要多少时间，即使一次家族会议结束之后，问题仍未得到解决，都不会妨碍企业的经营。同时，家族委员会为家族成员提供了表达价值观、自身需求和对家族期望的场所。即便是那些没有出任董事会或不在企业工作的家族股东，以及不拥有所有权的家族成员也可以通过

家族委员会表达意见。这就降低了因家庭内部关系问题对企业经营决策可能造成的不良影响，推动了企业治理结构变革的实施。以传承四代的华人家族企业李锦记为例，家族委员会的设立。在李锦记130余年的发展历史中，曾出现过两次分裂、分家，每一次李锦记都可以平稳地渡过传承延续的难关，关键在于李锦记通过不断的治理结构变革最终建立家族委员会模式，从而逐步实现了企业在家族内部的成功传承（李新春等，2008）。

② 制定家族宪章。本质上来讲，家族宪章体现了家族企业有意识地将自己人的治理正规化的过程。以李锦记为例，作为李锦记家族委员会的最高指导原则的家族宪法是任何一个家族委员会成员都要遵守的规则。严格遵守家族宪法是加入家族委员会参政议政的必要条件，如果发现家族成员违反家族宪法，则全家人会在家族委员会上对其进行教育、规劝或惩罚，并对影响到公司的一些家族事务进行讨论处理。这项创新性的制度设置，使得企业运转可以从良好的家族氛围中受益，而又不受其牵制（李新春等，2008）。

总之，家族企业所有权和控制权的关系在家族企业的长期发展中扮演着重要的角色。家族企业需要注意如何平衡家族成员的私人利益和企业的长期利益，制定科学的管理策略和措施，从而确保企业的持续健康发展。

第二节　家族企业代际传承

一、代际传承：是什么、传给谁

"夕阳无限好，只是近黄昏。"在家族企业的不断发展过程中，大多数创始人已到退休的年纪，全球 70% 的家族企业都不可避免地会面临企业传承的问题。改革开放 40 多年来，中国的家族企业蓬勃发展，"接力棒"交接已成为诸多家族企业的重要议题。根据波士顿咨询公司 2021 年的调研数据，中国百强家族企业创始人（在企业担任董事长或 CEO 重要职位）的平均年龄已超过 60 岁，家族企业的代际传承变得既重要又紧迫[1]。

正所谓前人栽树，后人乘凉，上代种桃下代撷。对于家族企业而言，创始人辛苦打下的江山需要通过代际传承得以持续治理。代际传承既是对家族和企业长期利益的守护，也是对家族企业核心价值观和使命的持续践行。业界和学界围绕家族企业代际传承这个话题展开了丰富的讨论，对于什么是代际传承，代际传承到底要传什么也是众说纷纭。本节将结合业界的实例和学界的研究结论，对这一问题展开讨论，并阐明本书对于代际传承的理解。

---

[1] 廖天舒，阮芳，黄一超，等.基业长青，探寻家族企业传承的成功之道［R］.波士顿咨询，2021.

总体而言，业界和学界对家族企业代际传承的理解可以从以下四个视角出发。

第一是过程观视角。家族企业的代际传承并非一个简单的事件，而是一个持续的过程，是家族上一代将家族企业中的核心职位和权力逐渐转移给下一代的整个过程（祝振铎等，2018）。

第二是事件观视角。家族企业代际传承就是因家族企业 CEO 或 / 和董事长更替的标志性事件而引发的企业所有权和管理权在家族代际之间的传递（郭超，2013）。

第三是传承内容视角。这个视角主要强调家族企业代际传承中传承内容的选择应当在众多需要传承的要素中选择一个或者几个本质的、独特的核心要素进行传承，传承要素主要包括家族对家族企业的所有权、领导权、战略、公司文化、家庭凝聚力和使命（余向前等，2013）。

第四是继承者亲缘视角。该视角将家族企业的传承按照继承者和传承者是否存在血缘、姻缘关系分为内部传承和外部传承，并把继承者分为家族内部继承者和外部继承者两类（Beckhard，1983）。换言之，"子承父业"、亲属继承被视为内部传承，家族外职业经理人继承则为外部传承。根据相关调研数据，我国"创一代"企业家约有半数倾向于"子承父业"。不过，考虑到时代特殊性，不少企业只有唯一继承者，在"创二代"不愿接管家族企业时，"创一代"多半会继续高龄站岗，等待子女松口。近年来，不少企业家也在考虑引入职业经理人，例如美的何享健坚持用职业经理人管理企业，其职业化理念，推动了美的职业化飞轮运转，作为创始人主动让贤，由方洪波接任董事长。美的职业化理念将一家小厂推到世界 500 强地位，体现了经营智慧，但外部经理人这一传承模式的发展和推广存在一定的困难，主要表现为如何平衡家族成员与职业经理人的理念差异和利益关系这一问题。除此之外，现实中也有双管齐下的企业，例如碧桂园上市后家族成员股权稀释，为家族继承者接班、引入职业经理人打好基础，最终采取家族成员和职业经理人混合管理的方式，双方各司其职，共同参与企业决策。

那么，对于家族企业的代际传承是什么、传给谁这一问题，本书将重点基于过程观和事件观予以理解和解释。在本书中，我们认为家族企业代际传承是指企业实际控制人移交管理权，并将所有权向核心家庭二代转移的过程。该过程以发生家族企业 CEO 或 / 和董事长更替的标志性事件为起点，以核心家庭二代掌握临界所有权为终点。通俗而言，本书认为家族企业的传承是寻找合适的接班人代替企业主继续管理、经营家族企业的过程。接班人如果是从企业主的二代甚至三代当中选定，则称为家族企业的代际传承。家族企业的代际传承具体包括事业传承和财富传承两种模式。

1. 事业传承

关于家族企业代际传承，通常有广义和狭义两种定义：广义而言，家族企业代际传承指领导权从创始人兼所有者到继承者家族成员或非家族职业经理人的传递。按照继承者和传承者是否存在血缘、姻缘关系分为内部传承和外部传承（Beckhard and Burke，1983）。有学者指出，领导权可以进一步细分为所有权和管理权两个维度（Barry，1975）。狭义而言，通常是指所有权或管理权从某个家庭成员向另一家庭成员的传递，即广义传承定义中的内部传承（王晓婷，2010）。

现有实证研究对传承的界定主要以管理权的交接为标准，有 CEO或 / 和董事长交接（Bennedsen et al.，2007；Cucculelli and Micucci，2008）和董事长交接（Bennedsen et al.，2015）两种标准。相较于管理权的转移，家族企业所有权转移具有滞后性，故而大多数文献主要关注了家族企业管理权的转移，对所有权转移的探讨较少。然而，家族企业的实践却不仅限于此。那么，如何同时关注所有权和管理权就是一个值得思考的问题。此外，大多研究在判断管理权的交接时仅以第一次 CEO 或 / 和董事长的变更为研究对象，忽略了现实中核心家庭二代实际管理权的影响。因此，在界定家族企业代际传承时，应同时结合 CEO 或 / 和董事长交接，以及核心家庭二代实际管理权，更加科学地界定传承标准。

我国现阶段家族企业的传承基本有三种模式：子承父业、亲属传承、职业经理人继承（王陆庄等，2008）。将家族资产所有权、管理权配置给远亲不利于治理效率的改进（许静静等，2011）。基于此，本书认为核心家庭二代（即子女）在继承家业过程中的优先度和重要性值得考虑。近十年内，国内已有大量研究专注于探索核心家庭二代继承的"子承父业"模式，但是对子承父业给出一个明确定义的却很少，对于家族传承的两大核心问题——"传什么""怎么传"也少有系统分析。基于此，本书将把核心家庭作为边界条件，将核心家庭二代继承视为子承父业，即"事业传承"。具体而言，事业传承是指发生家族企业 CEO 或 / 和董事长更替的标志性事件，进行所有权和管理权从实际控制人到核心家庭二代的传递，直至核心家庭二代掌握临界所有权。

事业传承需要拥有标志性的事件。在中国古代历史上，皇位发生更替时，继位者会找相应的事件使自己的继承合理化。汉代的开国皇帝刘邦原本是"草根"出身，受传统礼教影响，尽管强行上位，但防民之口甚于防川，就给自己寻找了一个合理的登基理由。这是一个叫贾逵的儒者在《左传》中找到的，说尧有一个后代叫刘累，还曾经做过夏朝的臣子。于是汉高祖刘邦的身份就变得高贵了，是帝尧的后代，属于名正言顺地继承皇位[1]。

2. 财富传承

家族财富传承也可以叫作"个人财产规划"（狄雨霜，2020）。通俗地讲，财富传承指财富拥有者将其拥有的股权、固定资产、流动资产等财富传递给指定的对象。随着社会情感财富概念的提出，家族企业的财富传承不仅涉及经济方面的财富，还涉及非经济方面的财富，如社会资本、与企业的情感联系和声誉等，也被称为社会情感财富（吕佳，2022）。基于此，财富传承也被定义为家族企业的财产、声望和社会地位的传递过程。在实践中，如美国的古根海姆家族是仅次于罗斯柴尔德家族的全球犹太第二巨富家族。多年累积下来的社会资本成为家族和谐的纽带，也维持着家族的社会声誉与地位。该家族通过慈善公益、捐资助学、投身艺术等方式智慧散财，积累家族的社会资本，在回馈社会的同时实现家族财富传承[2]。在现有研究和实践的基础上，在本书中家族企业财富传承指发生家族企业 CEO 或 / 和董事长更替的标志性事件，进行管理权从实际控制人到非核心家庭二代的传递和所有权从实际控制人到核心家庭二代的传递，直至核心家庭二代掌握临界所有权。

二、事业传承：传什么、如何传

事业传承，即把家族企业的所有权和管理权传递给家庭核心二

---

[1] 张雪松. 祖与国：中国宗教中的血缘祖先崇拜演变与国家认同 [J]. 中国社会科学院大学学报，2023，43（9）：20-34，136-137.

[2] 孔繁荣. 泰坦尼克上这个隐秘的家族，拯救了一座城 [N]. 人民日报人民文旅，2020-07-07.

代，是家族企业代际传承的一种主要模式（王陆庄等，2018）。事业传承不是简单的经济行为，其不仅仅是把家族财富传递给下一代的过程，更是把一代人的事业理念和精神文化传递给下一代的过程。事业传承不仅关乎家族和家族企业的发展，更关乎社会的进步。对于事业传承要"传什么"以及"如何传"是需要进一步阐述和分析的问题。

1. 传什么——领导权与隐性知识

（1）领导权传承

事业传承主要是传领导权，即完成家族企业所有权和管理权从创始一代向家庭核心二代的传递。其中管理权传递是指家族企业传承者将担任的企业领导人职务和掌握的管理权让渡给家庭核心二代成员，实现二代成员对家族企业的持续治理。所有权传递是指家族企业的传承者将家族企业的股权转让给家庭核心二代成员，使其具有合法的继承权。领导权的传承意味着家庭核心二代成员对家族企业的拥有和经营。在研究中，早在1999年，Gersick在三环经典模型（三环指所有权、企业和家庭）中指出对于家族企业而言，"企业"层面的传承主要是指企业的经营管理权的传承，"家庭"层面的传承则是所有权的传承。在实践中，2013年，新希望集团刘永好之女刘畅接管新希望六和，任新希望六和董事长[1]，领导权向二代的转移推进了刘氏家族对新希望六和的持续治理。

（2）隐性知识传承

事业传承涉及家族企业所有权和管理权向二代的转移，不仅包括

---

[1] 赵雅儒.刘畅独掌新希望六和 四川"企二代"接班步伐加快［N］.华西都市报，2016-06-06.

权力的转移，还包括隐性知识的转移。存在于家族企业中的知识根据能否清晰地表述和有效地转移可以划分为显性知识和隐性知识，其中显性知识只占 10%，而隐性知识的占比则高达 90%。家族企业隐性知识是不易被抄袭或模仿而使其丧失竞争优势的财富，是家族企业的核心能力（Barney，1991），能帮助家族企业获得超额利润。隐性知识主要包括企业家默会知识（诀窍知识、心智模式）、企业家社会资本（内部资本、外部资本）和企业家精神（创新精神、机会敏锐性、敬业精神和进取精神）。鉴于隐性知识具有独特性、难以规范性和不易转移性等特点，隐性知识传承是一个比较复杂和动态演化的过程。李锦记集团能够薪火相传 130 余年，其关键就在于通过代代传承一直坚守着永远创业的精神，不断在外部市场环境变化中寻求变革，保证家族企业的一脉相传与基业长青。为了凝聚旗下所有公司，李锦记第三代传人李文达先生坚持"思利及人"的企业价值观，即在做事时应该想到自己的行动将如何影响到其他人，关注家族、企业和社会三者间的相互关系[1]。秉承永远创业的精神，李锦记一直努力尝试新事物或采取新步骤做事，同时也包容失败，意识到并非每一次新的尝试都能取得成功。

家族企业之所以拥有许多非家族企业的独特特征，正是因为这些难以模仿的隐性知识。对第一代家族企业来说，创始人陪伴企业诞生与发展壮大，掌握了能够给企业带来竞争优势的独特要素，这些独特要素以企业家隐性知识的形式存在，通过创始人对二代继承者的言传身教等方式予以传递，将促进继承者的快速成长与对公司业务的深入理解，并对家族企业传承及持续成长产生重要影响。以李锦记家族为

---

[1] 江门市人民政府.爱国爱乡心系桑梓　思利及人造福社会——追忆一代乡彦李文达先生［EB/OL］.（2021-7-29）. https://www.jiangmen.gov.cn/home/zwyw/content/post_2377108.html.

例，在经历三个世纪、数代人的代际传承中，李氏家族一直知道创业精神的延续是企业核心竞争力优势的源泉。为了实现隐性知识的有效传承，李锦记建立了家族委员会制度并放开参会条件，鼓励更多的年青一代成员能够以观察员的身份加入家族企业的管理，通过耳濡目染和学习了解，使得家族企业的隐性知识在年青一代中不断传承，促进家族企业的永续经营。

2. 如何传——事业传承过程模型

家族企业事业传承从发生、进行直至管理权和所有权交接完毕，涉及家庭、企业、环境等多个系统的相互作用以及利益相关者群体的角色调整，是包含多项行为的、多阶段演进的长期过程。鉴于家族企业传承过程的复杂性和动态性，研究者尝试运用多种方法对传承过程进行刻画和描述。由于我国对家族企业的研究起步较晚，目前也只有极少数家族企业完成代际传承，因此我国学者对家族企业的代际传承过程模型多为引用国外成形的理论成果，或是借鉴国外成熟的研究框架对我国的家族企业的事业传承进行分析，主要传承过程模型如下。

（1）父子传承期阶段模型

学者 Longenecker 和 Schoen（1978）以继承者的"行为—学习经历"为线索，以继承者全职进入企业和继任领导岗位为两个关键事件，聚焦于领导权从传承者到继承者的转移过程，对传承过程进行了详细的刻画，将传承过程划分为接触企业前、初涉、初步发挥作用、发挥作用、发挥重要作用、传承早期和正式传承七个阶段（见图 1-1）。

接触企业前阶段：在该阶段，继承者可能仅仅是被动、无计划地了解企业的某些方面。海智公司是一家成立于 1993 年的高新技术企业，由创始人老李总与其兄弟共同创办，公司主营智能低压电器电子

图 1-1　家族企业父子传承七阶段模型

资料来源：Longenecker & Schoen（1978）

产品，早在 2001 年公司就开始了周密的接班计划，顺利完成了由一代到二代接班过程。老李总的两个儿子大学主修的都是电气自动化专业，与公司的技术方向密切相关，同时大儿子在毕业后进入研究所从事了几年科研工作，为进入企业积累了良好的技术经验。

初涉阶段：与第一阶段不同，此时尽管继承者仍不是企业的员工，但是传承者及其家族成员已经在积极地、有意识地向继承者全方位介绍企业情况。在这一阶段中，海智创始人老李总的大儿子已经开始参与到了父亲与叔叔的创业过程中，积极了解和接触企业事务。

初步发挥作用阶段：这个阶段从继承者第一次以兼职员工身份进入家族企业开始，到其最终成为企业的全职员工结束。在此期间，继承者完成其正规教育，还有可能去其他企业任职。

发挥作用阶段：此时，继承者已经成为企业的全职员工，但是尚未进入管理岗位。以海智为例，为了让两个儿子能够充分锻炼和发挥自己的能力，在 2001 年由家族出资成立了子公司由大儿子全权负责，父辈则不参与企业管理。

发挥重要作用阶段：继承者进入管理岗位，开始发挥管理职能。目前老李总的大儿子小李总主管子公司，并担任总经理全面负责公司的经营管理事务，小儿子担任子公司副总经理负责技术。子公司成立了董事会，但是重大决定有分歧时最终决定权在小李总本人。

传承早期：继承者继任企业领导岗位，但是尚未掌握实际控制权，但创始人仍参与家族企业的管理。

正式传承：继承者真正进入领导角色，开始脱离父辈实现"自治"。随着小李总接班，老李总慢慢退出海智公司管理层。由此可见，在创业初期老李总就已经做好了妥善的接班计划，使得之后的接班人选择和接班过程自然平稳。

（2）传承接力赛跑模型

随着家族企业传承研究动态化、多维化的发展趋势日益明显，传承过程模型的构建也趋向复杂。如接力赛跑模型（Dyck et al.，2002），在研究内容上不再局限于管理权的交接，而是将关注点拓展到整个家族企业系统，观察管理权、所有权、家庭等子系统在传承过程中的动态演变过程。

该模型将家族企业的事业传承过程类比为接力比赛，用直观、形象的方法描述家族企业传承过程，该模型更加关注传承过程所包含的各项要素，研究内容更为具体（见表1-2）。家族企业事业传承过程所含要素和接力赛跑所含要素极为相似，两者都包含顺序、选择时机、交接技巧、沟通和团队合作等内容。这四个因素对家族企业传承成功有重要影响，是纵向分析家族企业管理权传承的理想框架。

表1-2　家族企业事业传承接力赛跑模型

接力赛跑要素	家族企业事业传承接力赛跑要素
（1）次序 • 接力赛跑团队成员顺序 • 参赛选手的体格与情感特征	（1）先后次序与内部组织环境/设计 • 新任领导的选择程序和标准 • 公司所处的组织生命周期阶段决定了CEO的类型

续表

接力赛跑要素	家族企业事业传承接力赛跑要素
（2）时机 • 竞赛越激烈，就越要缩短接力棒传递的时间 • 加速区域决定了即将起跑者必须启动和接棒的"窗口" • 当交棒者到达"出发"标志时，接班者就开始启动	（2）环境对传承时机的影响 • 当环境比较宽松或企业比较成熟且资源比较充裕时，领导权杖的交接可以有准备地缓慢进行 • 当环境比较恶劣或者企业是一个新创企业并且闲散资源比较少的时候，领导权杖的快速交接就显得非常重要；在这样的环境下，前任和继承者任期交叠的时间越长，越容易导致组织的失败
（3）交棒技巧 • 交棒者如何交 • 接棒者如何接	（3）权杖交接与领导风格 • 传承者离任时可能遇到困难 • 继承者在接管领导权杖时可能遇到困难 • 传承者要交什么（比如，权威和所有权）和继承者准备接什么（比如，责任和承诺）必须达成一致
（4）交流／协作 • 融洽的合作与相互的信任 • 有效交接需要清晰的形象和口头的交流	（4）交流和人际关系 • 传承者和继承者之间的信任能提高有效传承的可能性 • 传承者和继承者之间清楚的交流能提高有效传承的可能性 • 传承者和继承者在目标、战略和流程方面的冲突会降低有效传承的可能性

资料来源：作者整理所得

本章主要参考文献

[1] Aronoff C E. Self-perpetuation family organization built on values: Necessary condition for long-term family business survival [J]. Family Business Review, 2004, 17:

55-59.

［2］Barry B. The development of organisation structure in the family firm [J]. Journal of General Management, 1975, 3 (1): 42-60.

［3］Beckhard R, Burke W W. Preface [J]. Organisational Dynamics, 1983, 12 (1): 1-3.

［4］Bennedsen J, Caspersen M E. Failure rates in introductory programming [J]. ACM SIGCSE Bulletin, 2007, 39 (2): 32-36.

［5］Bennedsen M, Fan J P H, Jian M, et al. The family business map: Framework, selective survey, and evidence from Chinese family firm succession [J]. Journal of Corporate Finance, 2015, 33: 212-226.

［6］Chrisman J J, Chua J H, Steier L. An introduction to theories of family business [J]. Journal of Business Venturing, 2003, 18: 441-448.

［7］Cucculelli M, Micucci G. Family succession and firm performance: Evidence from Italian family firms [J]. Journal of Corporate Finance, 2008, 14 (1): 17-31.

［8］Evert R, Martin J A, McLeod M S, et al. Empirics in family business research [J]. Family Business Review, 2016, 29: 17-43.

［9］Gibb Dyer W, Sánchez M B. Current state of family business theory and practice as reflected in family business review 1988-1997 [J]. Family Business Review, 1998, 11: 287-295.

［10］Habbershon T G, Pistrui J. Enterprising families domain: Family-influenced ownership groups in pursuit of transgenerational wealth [J]. Family Business Review, 2002, 15: 223-237.

［11］Venter E, Boshoff C, Maas G. The influence of successor-related factors on the succession process in small and medium-sized family businesses [J]. Family Business Review, 2005, 18: 283-303.

［12］Yu A, Lumpkin G T, Sorenson R L, et al. The landscape of family business

Outcomes: A summary and numerical taxonomy of dependent variables [J]. Family Business Review, 2012, 25: 33-57.

［13］狄雨霜. 家族财富传承相关问题研究［J］. 中国市场，2020（29）：86，94.

［14］何轩，宋丽红，朱沆，等. 家族为何意欲放手？——制度环境感知、政治地位与中国家族企业主的传承意愿［J］. 管理世界，2014（2）：90-101，110，188.

［15］李新春，贺小刚，邹立凯. 家族企业研究：理论进展与未来展望［J］. 管理世界，2020（11）：207-229.

［16］李新春，何轩，陈文婷. 战略创业与家族企业创业精神的传承：基于百年老字号李锦记的案例研究［J］. 管理世界，2008（10）：127-140，188.

［17］吕佳，Kiho Kwak，黄明浩. 家族企业的社会情感财富研究［J］. 会计师，2022（8）：7-9.

［18］石本仁，张俭. 中国家族企业研究综述：基于1998～2012年CSSCI来源文献的分析［J］. 暨南学报(哲学社会科学版)，2013（9）：18-29.

［19］王陆庄，方洁，谈晓燕. 当代中国家族企业传承中后代培养方式的实证研究［J］. 科研管理，2008，29（S2）：126-133.

［20］王晓婷. 关于后危机时代中小企业发展战略的思考［J］. 商场现代化，2010（14）：22-23.

［21］魏志华，林亚清，吴育辉，等. 家族企业研究：一个文献计量分析［J］. 经济学（季刊），2014，13（1）：27-56.

［22］许静静，吕长江. 家族企业高管性质与盈余质量：来自中国上市公司的证据［J］. 管理世界，2011（1）：112-120.

［23］叶国灿. 论家族企业控制权的转移与内部治理结构的演变［J］. 管理世界，2004（4）：147-148，153.

chapter two
第二章

家族企业代际
传承模式的
全球视角

第一节　国外家族企业代际传承模式

国外家族企业起步较早，已有两百多年的历史，也是主流的组织形态。1993 年，预估英国 75% 的企业、西班牙 80% 的企业、瑞典 90% 以上的企业和意大利 99% 的企业是家族企业。据美国《商业周刊》调查显示，1993—2003 年，在标准普尔 500 指数的成份股公司当中，有 177 家属于家族企业[1]。美国《家族企业》杂志（2006）发布《胡润百富》全球 100 家最古老的家族企业，这 100 家长寿企业主要集中在欧洲、美国和日本。国外家族企业在全球众多领域中表现突出，如美国洛克菲勒家族、欧洲匡特家族、日本丰田集团等。国外家族企业管理经验丰富，对于中国家族企业的发展有着一定的借鉴意义。

一、日本模式：贤者为先，家业至上

通常情况下，鉴于资金限制、引入外部创新难和传承老字号等特征，家族企业的创新投入少于非家族企业的竞争对手。其一，财富的集中，使得家族企业不愿将资源投入不确定性高的项目中去。而创新本来就具有不确定性，面临来自技术和市场等方方面面的风险。家

---

[1]　侯颖.民营企业是家天下？家族企业为何沃尔玛长盛［N］.新快报，2004-03-26.

族企业不愿投入大量资源到创新中去，而是偏好投资那些现金流更加稳定的项目。其二，维持家族对企业的控制水平。这一目标限制了家族企业的创新投入规模。然而，创新是企业全球化以后屹立于世界之林的基础条件，没有创新能力的企业，很容易被快速发展的新技术打败。在家业的传承中如何创新，也是当下家族企业需要思考的问题。日本最大的汽车厂商之一丰田，为家族企业传承提供了一个成功的示范。丰田最大的优势正是家族每一代继承者超强的创新创业能力，这一点在丰田家族每一代直系掌门人身上的表现尤为明显。

丰田汽车真正意义上的创始人是丰田佐吉，他一生信奉：一代人，一事业。先后发明了"丰田式木制人力织机""G 型无停止杼替式丰田自动织机"，使日本织机制造技术达到世界先进水平，后来创立了"株式会社丰田自动织机制作所"。丰田佐吉长子丰田喜一郎没有直接接手父亲的产业，1937 年创建自己的丰田汽车工业株式会社。丰田喜一郎长子丰田章一郎接任后，将丰田家族的产业拓展到地产领域。直系第四代丰田章男也是个创业狂人，他在 1998 年创立"二手车图像销售系统"，类似于如今的二手车交易平台，后来成了 e-TOYOTA 系统的基础。丰田家族将创新创业的基因刻入每一代家族继承者身上，使每一代人在前人的基础上不断开辟企业的新边界，不断为家族企业创造价值。丰田大辅是丰田章男的独子，现在丰田 TRI-AD 办公室任职。该办公室是丰田汽车的前沿科技部门，专门开发无人驾驶汽车动力供给系统，为家族培养创新型接班人做了充足准备[1]。

丰田的成功，在于对质量的坚持，促使其不断跟随时代的变化研发新的产品，这也与日本的"职人文化"紧密相关。日本的"职人文

---

[1] 黄启科，高倩，李光明，等.丰田汽车家族传承特色与经验探析［J］.全国流通经济，2020（25）.

化"，类似于中国推崇的"工匠精神"，力求在某一个领域（多为手工艺或者工业）长期钻研，达到炉火纯青的地步。而为了让传承者也能保持对工艺的坚守，不断创新，日本家族企业摆脱了狭隘的血缘局限，采取超血缘继承模式，最具代表性的就是"养子继承"。日本有句古语叫"铸就百年老铺基础的是三代之中有一养子"。日本铃木汽车的董事长铃木修（铃木集团的第四代掌门），他本人就是"婿养子"。而纵观铃木集团的传承史可以发现，创业者之后的三代掌门均为"婿养子"。

"职人文化"促使丰田集团在传承中不断寻求新的发展。"我们今年已经 103 岁了，是丰田汽车集团里第一个跨过百年历程的企业。我们有专注和传承，也在积极拥抱变化，不断寻求技术、产品以及商业模式上的新发展。"2021 年上海国际车展期间，丰田纺织（中国）有限公司董事、常务副总经理庄志强博士身着正装，佩戴代表联合国可持续发展的 17 个项目的 SDGs 徽章出现在媒体沟通会上，他介绍了丰田纺织在匠心传承、拥抱变化上做出的种种努力，回应了智能化、电动化、碳中和等行业热点问题，并透露了对未来发展的思考。老字号不是因为"老"才珍贵，让一代代传承下来的工艺、理念等与时代同频，助推新趋势前进，才是它经久不衰的力量源泉，更是汽车行业乃至社会宝贵的经验财富。

从丰田几代家族直系接班人身上我们看到了丰田家族传承精神中的创新进取，把每一代接班人都培养成创一代，富有开拓进取的创新精神，为家族企业的长久兴旺做好人才准备，这一点非常值得家族企业学习。

二、美国模式：家族精神的传承

家族精神是家族企业一项重要的特殊资产，能让家族企业打破"富不过三代"的魔咒，要求整个家族精诚合作。但随着家族企业的不断发展壮大，实现整个家族齐心发展的难度越来越大。家族企业的特别之处就是它们的领导通常是以家族和企业的核心价值观作为导向的。价值观作为家族和企业的基因密码，在家族企业代代相传的过程中将家族成员紧密维系在一起。

对于美国第一大家族——洛克菲勒家族来说，"富不过三代"的家族传承魔咒似乎失效了。20 世纪的绝大部分时期，"洛克菲勒"就是"美国财富和权力"的同义词。翻开美国史，洛克菲勒家族无处不在，如标准石油公司、大通银行、洛克菲勒基金会、洛克菲勒中心、芝加哥大学、洛克菲勒大学、现代艺术博物馆，以及在"9·11"事件中倒塌的世贸大楼等。从发迹至今，这一家族拥有超过百年的家族企业，已有七代的成功传承经验。不仅代代传承皆有传奇，而且从未引发过家族争产风波，这都要归功于家族一直坚守的价值观[1]。

家族创始人约翰·洛克菲勒是一个虔诚的基督教徒。深知财富可以造就人，也可以毁灭人，他时刻给子女灌输勤俭节约的价值观。孩子长大前，他没带他们去过办公室和炼油厂，以防孩子知道自己身在豪门。同时，家族本身的家庭教育非常严格，有着自己的信仰和价值观，注重子女的品德教育，培养独立的人格。在教育子孙的时候让他们诚信并且不能看重金钱，要乐于奉献，做事情要坚持不懈。

---

［1］ 张锐.洛克菲勒家族：贪婪与高贵的"超级财阀"（下）［J］.对外经贸实务，2018（12）：12-16.

　　美国财经媒体 CNBC 网站 2018 年 3 月 26 日发表的题为《亿万富翁洛克菲勒家族：养育富有孩子的 4 个秘密》的文章中写道，洛克菲勒集团董事长小大卫·洛克菲勒曾在一次报道中提到，家族已经发展出一系列价值观、传统和制度，来维持家庭凝聚力和留存财富。无论家庭是否富有，这些做法都对培养孩子良好的金钱观非常有用。维持洛克菲勒家族团结一致的最强黏合剂是家庭价值观，尤其是对慈善事业的推崇。家族成员们一直坚持着小约翰·洛克菲勒留下的家族信条：每一种权利皆包含一种责任；每一个机会皆包含一个义务；每一次拥有皆包含一份职责。当代家族如果这些价值观不复存在，那么这些话就不会产生影响。我认为家族已经尽了最大的努力来实践这些信条。家族还会每年两次定期举行家庭聚会，100 多个成员在一间房里共享圣诞午餐；同时当家族成员到 21 岁时，就会被邀请参加家族论坛，讨论家族未来的方向、项目、新成员和其他任何有关事业或具有重要里程碑意义的家庭新闻。此外，也注重让家族成员铭记家族历史。这是通过家族"祖宅"来实现的，祖宅连接着所有家族成员的过去。

　　创始人约翰·洛克菲勒认为，赚钱的能力是上帝赐给洛克菲勒家族的一份礼物，财富属于上帝，他们只不过是管家[1]。有了正确的价值观，慈善就成了家族的传统。退休后的约翰热衷施舍财富，和钢铁大王卡内基开了美国富豪捐出财产做慈善的先河。虽然洛克菲勒家族对于后代要从事的行业从来不干涉，但是必须坚持做慈善，他们的慈善哲学也影响了很多美国富豪。比尔·盖茨和巴菲特两人的慈善计划就是受到了洛克菲勒家族的启发，他们在生前或者死后至少要捐出自己的一半身家。洛克菲勒家族财富管理及传承系统中，公益慈善是一个重要部分。从传承角度而言，慈善既帮助家族后代树立起正确的价

---

[1]　张雪奎.富过六代的洛克菲勒家族［J］.科学大观园，2011（9）：74-75.

值观，也扩张了家族的影响力。第三代家族掌门人戴维·洛克菲勒说：财富是对勤奋的嘉奖，可财富也是一种责任。我知道，我拥有巨大的财富，我也因它而承担着巨大的公共责任，比拥有巨大财富更崇高的是，按照祖国的需要为祖国服务[1]。

家族的信仰和凝聚人心的价值观是家族财富的灵魂，正确价值观的传递，不仅能凝聚家族成员和留存财富，也能提升家族的社会影响力。传承六代的洛克菲勒家族说明，家族传承不仅包含物质财富的传承，也包含隐形的精神财富。

三、欧洲模式：大隐隐于市

金庸笔下的"扫地僧"看起来十分普通，武功却深不可测，拥有大智慧。有一类企业就像"扫地僧"一样，外行人从来没听过，在行业内却是数一数二的，西蒙给它们起了个名字叫"隐形冠军"。欧洲似乎是隐形冠军的"产地"。一些家族企业，经历过两次世界大战和无数次经济周期，仍然能够延续一百多年，并成为行业的佼佼者。宝马背后的匡特家族，就是一个低调的天才家族[2]。

从家族中的第一位企业家算起，匡特家族至今已有170多年的历史。匡特家族和日本的丰田家族相似，都起源于纺织业，且都靠联姻获得了丰富的商业资源。第一代企业家埃米尔·匡特生于1849年，

---

[1] 张锐.洛克菲勒家族：贪婪与高贵的"超级财阀"（下）[J].对外经贸实务，2018（12）：12-16.

[2] 张锐.匡特家族：驾驭恢弘产融城堡的隐形"沙皇"（上）[J].对外经贸实务，2020（2）：13-17.张锐.匡特家族：驾驭恢弘产融城堡的隐形"沙皇"（下）[J].对外经贸实务，2020（3）：12-16.匡特家族案例内容由作者根据上述两篇参考文献整理所得。

16 岁时在奥古斯特和路德维希·德雷格纺织厂当学徒，工厂的主人路德维希·德雷格去世后，年轻有为的埃米尔·匡特接手管理工厂并与工厂主的女儿结婚，后与其妻子的弟弟联手，买下了该厂，开始了匡特家族的创业之路。

与德国大多数家族企业一样，埃米尔·匡特希望自己的孩子未来能够接管企业，为其制定了严格的教育与继承制度，对其寄予厚望。在其长子金特·匡特 15 岁时就将其送往柏林接受专业教育。为了让金特·匡特提前增长见识，埃米尔多次带着他参加巴黎的世界博览会。金特很有商业天赋，在父亲患病后仅接受了 6 个月的培训便开始管理家族企业。

金特在任期间，匡特家族于 1923 年成功并购德国最大的蓄电池厂股份公司（AFA），对 AFA 的成功收购是匡特家族发迹史上一个重要的转折点。此外，通过一系列的股权投资，金特又成功控制了德意志武器和弹药厂（DWM）。为了尽可能多地掌控监事会和董事会职位，金特还安排自己的儿子、弟弟和侄子一起工作，这样，整个公司的盈利虽然看起来大部分不属于他的个人资产，但却都成了其家族财产。

金特去世后，赫伯特·匡特成为家族第三代继承者。匡特家族的成员非常善于把上一代积累下的事业作为起点，再发展新的事业。在汽车领域，赫伯特大显身手。一方面，提高家族在戴姆勒-奔驰的股份（金特遗产中的奔驰股份为 3.86%），另一方面寻找新的汽车企业投资标的，并于 1960 年成功并购宝马。接手宝马后，他对宝马做了一系列变革。赫伯特对宝马的管理制度也被家族的第四代继承者苏珊娜·克拉滕和斯蒂芬·匡特所继用，这两位继承者也在宝马深陷罗孚危机时对宝马进行了拯救。

匡特家族有着强大的产业版图和投资版图，不论是在哪个行业——纺织、药品、化学制品或汽车，匡特家族一直将自己的身影隐藏在幕后，从不用自己的名字做标志。事实上，除了宝马汽车，很少有人知道其他公司和匡特家族的关系，又有谁知道万莱克时装的后盾是匡特的德尔顿公司呢？家族企业的成功，也可以像欧洲这些"闷声发大财"的企业一样，不盲目追求扩张和多元化，而是选择专一和集中，在默默无闻中成为某个领域的绝对专家。

四、国外家族企业代际传承模式评价

放眼全球家族企业管理模式，值得中国家族企业学习的成功经验有很多。日本家族企业的传承模式讲述了家族企业如何选择继承人以保持创新和繁荣，美国家族企业的传承模式则补充了家族企业在传承时需要重视家族精神财富的传承，欧洲家族企业如"扫地僧"般默默无闻又领先于行业为其他家族企业展现了如何通过保持神秘性以保护家族历代积累的财富。

一是用更加宽广的眼光看待家族企业创造的财富和价值。家族企业的财富并不仅表现在其子孙后代可以通过控制公司或者借助信托基金达到经济财富目标，还表现在文化财富目标的实现。今天的范德比尔特、洛克菲勒、斯坦福和卡内基之所以被人们铭记，恰恰是因为他们将财富转移给了大学、艺术馆和博物馆。只要人类存在，就看不到斯坦福大学消失的可能性，这样的历史价值何尝不是家族的开拓者和财富拥有者们为家族留下的巨大财富。家业的代代相传可能会让家族企业不断发展，枝繁叶茂。但也有可能会在传承的过程中，因为规模的扩大使得家族成员之间的凝聚力下降，导致家族成员离心，甚至为了家产内斗导致公司分崩离析。因此，重新反思财富的意义和家族企业的价值，实现跨代的财富积累的同时也让家族精神得以传承，是家族企业值得学习和重视的问题。

　　二是家族企业文化注重创新与实践。从国外百年家族企业的发展中发现家族企业的组织文化是家族企业在竞争中持续发展的关键因素，如企业文化能够正面影响企业财务绩效，推动家族企业发展战略目标的实现。创新是家族企业在激烈市场竞争中实现可持续发展的有效途径。随着市场环境不断变化，保持传统经营理念显然不足以应对新的环境要求。家族企业应当积极拥抱变化，进行内外部管理转型，积极地去寻求变革，促进企业的持续发展。在创新的过程中，家族企业不仅要追求经济利益，还要注重法律责任、伦理责任和社会慈善责任的实现。

　　三是注重公司治理模式与家族企业的适应性。欧美多数发达国家承袭了较为民主的管理制度，其法律系统为中小投资者提供了较大程度的保护，金融市场的发育也更为成熟。片面地乃至断章取义地学习国外家族企业的经验，很有可能陷入水土不服的境地。兼听则明，偏信则暗！要确定中国家族企业未来的走向，一方面需要参考国外领先家族企业的经验，另一方面也要综合考虑我国本土情景和企业自身情况，这样才能有利于家族企业的长远发展。

第二节 中国家族企业代际传承模式

一、中国家族企业的发展特点

在我国，家族企业发展源远流长。古代有晋商乔氏家族、徽商胡氏家族、浙商沈氏家族、鲁商孟氏家族以及粤商徐氏家族；近代有简氏家族、荣氏家族。20 世纪 50 年代中期，鉴于中华人民共和国的对私改造和公私合营政策以及社会主义初级阶段对纯公有制建设的探索，家族企业的发展历史出现了中断。直到 20 世纪 70 年代末，随着改革开放的时代浪潮，家族企业又逐步形成并发展起来。在这数十乃至数百年间，我国家族企业的发展呈现出其自身特点。

1. 从宏观角度来看，我国家族企业的发展具有明显的时代阶段性特征

中国的家族企业大多经历了改革开放的时代浪潮，在其政治、经济、文化、技术等环境之下，留下了深刻的时代烙印。与此同时，在新时代的背景之下，当今中国的家族企业也在不断发展进步，其根本问题和主要矛盾也随社会的变化而发生变化。

一方面，我国家族企业经历了计划经济，也经历了计划经济和市场经济相结合的时代，在企业产权、企业类型上和国外的家族企业有着显著的不同。具体而言，在改革开放前后诞生的"家族企业"，包

括乡镇企业、集体企业、合伙企业、股份合作制企业、民营承包企业，都大量存在着家族制或泛家族制管理，在一定程度上属于家族企业的范畴，但也存在其固有的一些产权问题，使得家族企业代际传承变得更加困难。但总体来看，相当数量的家族企业仍由第一代家族企业家（即创业者）所经营。

另一方面，我国家族企业在新时代的政策、技术和市场等环境的影响下，面临的基本矛盾和重点问题也发生了变化。影响家族企业发展的基本矛盾已经不再是政府和企业的较量，而是企业与逐渐完善并且成熟的经济市场之间的角力[1]。与此同时，中国改革开放已有40余年，随着时代的要求和环境的变迁，家族企业渐渐步入转型期，为了能够让家族企业与时俱进并持续发展，许多成功的家族创业者面临权力的交接，家族企业代际传承问题显得重要又紧迫。因此，建立何种代际传承模式、通过何种机制顺利实现代际传承已成为家族企业乃至当前经济社会管理中亟待解决的重要问题。

2. 从微观角度来看，我国家族企业大多处于家族企业化的发展阶段，也面临着初次代际传承

从世界范围内的家族企业的发展阶段来看，家族企业的历程一般可分为三个阶段：第一阶段是企业的家族化，即企业的利益从属于家族的利益，如江浙地区一些小规模的新兴民营企业（钟建安和陈红，2004），在这一个阶段，往往是有创业精神、卓越能力的一个或者一群创业者创办企业，因此这也可以算是企业的初创阶段；第二阶段是家族企业化，家族服从和服务于企业，企业进一步制度化，家族中人服从于企业规章

---

[1] 郑磊.拓宽资本获取渠道 打破家族企业再发展4大坚冰［EB/OL］.（2004-02-21）.http://www.ce.cn/ztpd/tszt/hgjj/2004/jiaqi/pojian/xg/200410/21/t20041021_2052454.shtml.

制度，由人治走向法治，如香港长实集团（钟建安和陈红，2004），在这一个阶段，往往家族企业步入成熟期，企业规模和资产量级都有了一定的提升，初创者退居二线，家族企业进入传承阶段，而传承结果将会对企业产生巨大的影响；而在第三阶段，家族除了掌握企业的股份，已基本上从经营管理领域退了下来，已经不属于典型的家族企业，或者说已超越了家族企业阶段，譬如惠普公司（钟建安和陈红，2004）。

目前，我国大多家族企业正处于第二阶段，面临着初次代际传承。根植于传统"家文化"，受社会资本不足和委托代理成本过高等问题的限制，我国家族企业一直在不断探索如何顺利进行代际传承。从上海热闹一时的"黄埔接班人培训基地"开课，到宁波"家业常青民营接班人专修学校"火热招生，再到温州民营企业家让子女从基层做起熟悉企业流程，中国家族企业对代际传承的实践探索从未停止。虽然无法预测家族企业是否能在未来成为百年企业，但是至少改革开放至今仍有一些家族企业较为顺利地完成了"接力"的重任，创造了不少成功佳话。

中国家族企业到底如何持续发展，是成功传承、顺利延续，还是家业旁落，乃至分崩瓦解，能否顺利完成初次代际传承？这是一个值得更多关注和思考的问题。但不可否认的是，需要对已有的代际传承模式做出更多的经验总结，从而站在巨人的肩膀上继续前进。

二、中国家族企业代际传承模式

家族企业代际传承是一个复杂的过程，围绕着家族企业传给谁（who）、传什么（what）、何时传（when）和如何传（how）等关键问题展开。不管这些问题如何解决，在"家文化"盛行的中国，"子承父业"这一模式在中国家族企业的传承中高频出现。不难看出"传给谁"是家族企业代际传承中需要考虑的重中之重。中国家族企业代际传承模式可以用三分类法划分。三分类法重点关注家族企业事业传承（控制权和管理权）的对象，默认上一代传承者将家族企业财富传承（所有权）给子女等家族成员，将中国家族企业代际传承的模式分为三类：子承父业（世袭）、职业经理人继任（禅让）、混合承继（子承父业＋职业经理人）。

1. 第一种模式：血缘继承的"世袭制"

血缘继承的"世袭制"即子承父业和亲属传承的传统模式，属于家族内部继任。这种模式集中表现在家族传承者在考虑企业未来接班人的问题上，更多地倾向于血缘继承，选择子女等家族成员继承家族企业的所有权并进行经营管理。在中国这样一个"家"文化传统浓厚的国度里，子承父业更有其深厚的文化基础，仍是我国目前家族企业传承的主流模式。一些在国内外享有盛名的家族企业均采用这种模式，如万向、华西乳业等，这些企业的继承者绝大部分是第一代创业者的子女。万向集团鲁冠球大力培养儿子作为企业继承者，使之一步一步稳扎稳打接过企业：1992 年 7 月，鲁伟鼎任万向集团总经理助理；1992 年 12 月，鲁伟鼎任万向集团副总经理，兼任万向进出口公司总经理；1994 年，鲁伟鼎从父亲鲁冠球手中接任万向集团总裁，成为富二代中最长袖善舞的那一个。万向的代际传承不可谓不算是一个成功的家族企业代际传承案例，直到 2017 年，也就是其父亲去世的那一年，鲁伟鼎代表公司宣布，未来会拿出最多 2000 亿元，争取在 10 年内打造出一个浙江本土的新能源汽车制造基地，不仅继承了父亲的慈善事业，还接过了父亲未竟的造车事业[1]。

---

[1]　徐路易.延续鲁冠球的慈善梦：鲁伟鼎捐赠万向集团全部资产设公益基金［EB/OL］.（2019-07-14）. https://baijiahao.baidu.com/s?id=1638994959574131737&wfr=spider&for=pc.

2. 第二种模式：非血缘继承的"禅让制"

非血缘继承的"禅让制"即由职业经理人继任的模式，属于外部继任。"禅让制"是企业主让其子女继承企业所有权，聘请职业经理人来打理企业，承担经营管理职责。随着我国家族企业的日趋成熟，"职业经理人继任"这种市场化的企业传承模式也越来越得到肯定。据浙江省民营企业协会和浙商研究会对民营企业家进行的调查：有22%的企业家考虑过把企业交给职业经理人打理。他们普遍认为，职业经理人继任模式可以避免出现企业内部人才经营管理能力匮乏或因任人唯亲的局限性带来的问题。目前，以职业经理人继任来完成代际传承的家族企业还不多，真正成功的案例也不多见，较成功的例子是金义集团对家族制的突破[1]。金义集团的总裁有30多个直系亲属，半数以上担任了包括副总裁在内的中层以上领导职务。多年的实践使总裁感到家族化管理弊端太多。1998年他首先向家族链"开刀"，在集团内部推行"打破家族化，走现代企业道路"的改革。"开刀"的第一个对象就是他自己。当年12月，他率先辞去集团总经理之职，然后在管理层裁减60%的亲属，30多位直系亲属或降职或辞职或进修学习，集团的重要岗位全部虚位以待，实行竞争上岗。这样，变"相马"为"赛马"的用人制度在金义集团得以实现。金义集团总裁每次谈到打破家族制问题时总是强调："职业经理人就好比西游记里的孙悟空，很能干，但如果没有紧箍咒，他还是要打唐僧的。不能怪孙悟空打人，关键在于唐僧没有建立一套制度来规范约束他。"

---

[1] 孟怀虎.案例剖析：职业经理人不是奢侈消费［EB/OL］.（2002-12-10）. https://finance.sina.com.cn/jygl/20021210/1043288306.shtml.

3. 第三种模式：复合模式

复合模式是前两种模式相结合，即"子承父业"和"职业经理人继任"共同存在的模式，属于内外部继承相结合。我国的家族企业由于长期受传统文化的影响，家族管理的理念根深蒂固，同时职业经理人市场虽然得到一定发展但目前还不算成熟，完全走出子承父业的模式也并非所有家族企业的最佳选择。伴随着职业经理人市场的不断成熟和完善，"'世袭'＋'职业经理人'"成为家族企业传承模式的一个发展方向，即在家族成员参与企业高层管理的同时，确保企业中有很大一部分中高层管理人员，甚至连总经理也可以是非家族成员。家族成员只是企业高层管理的一个组成部分，绝不是唯一的高层管理力量，家族成员和非家族成员在控制权和所有权上可形成一定的分割和共享的折中治理。譬如碧桂园的"子承父业"和职业经理人齐头并进[1]。碧桂园创始人杨国强，在年富力强远未到退休之时，早早就确定接班人，铺排家族企业传承大计。为训练继承者，杨国强除了安排女儿杨惠妍出国留学，还安排她参加公司董事会旁听，让她观察和学习父亲如何处理公司事务。后来，杨惠妍在碧桂园中多个重要部门任职，并在 2012 年担任碧桂园董事局副主席，杨国强留任主席，实现管理权逐步移交。在此之前，碧桂园于 2010 年邀请中建五局原总经理莫斌出任执行董事兼总裁，出现了家族成员与职业经理人各司其职的局面。

---

[1] 詹钰叶.子承父业还是引入职业经理人？企业家们进退两难［EB/OL］.（2021-02-25）.https://baijiahao.baidu.com/s?id=1692670941574131849&wfr=spider&for=pc.

三、中国家族企业代际传承模式评价

不管是"世袭制""禅让制"还是复合模式，都有着其各自的优势和劣势。

首先，就"世袭制"模式而言：这一模式可避免企业的所有权和管理权落入外人手中，使企业的所有权与管理权合二为一。经营权和所有权的统一能够节省代理成本，同时还可在企业内部形成一种凝聚力。继承者对家族企业具有较高的忠诚度，能够在企业处于困难时期牺牲自己的利益，帮助企业渡过难关。但子承父业的模式也有其无法克服的弊端，由于家族成员的圈子范围有限，选取完全可以胜任家族企业领导职责的继承人的范围较窄。虽然许多家族企业传承者尽力给子女提供最好的教育和一定的商业熏陶，但不能保证二代继承者也有从商的兴趣和才能。如果强迫二代继承者继承父业，就有可能导致企业衰退，甚至威胁到其生存。如王安电脑公司的创始人王安，不顾公司董事和元老的反对，任命其长子担任公司的总经理。由于其长子能力平平，企业经营业绩出现大幅下滑，一些追随王安多年的高层管理人员也愤然离去。几年后，王安公司不得不申请破产保护[1]。

其次，就"禅让制"模式而言：这一模式的最大优势在于选人范围大，可满足企业经营的要求。另外，从外部引进的职业经理人与企业内部的人脉关系较简单，习惯性势力的桎梏也较少。如果企业创始人能大力支持，确实能给企业带来新的经营理念和管理经验。但与此同时，其本身也有一定的弊端。由于职业经理人与家族成员之间缺乏

---

[1] 周锡冰.中国家族企业死亡真相调查报告［M］.北京：中国经济管理出版社，2019.

血缘关系，双方难以在短时期内建立起相互信任的关系，因此聘请职业经理人意味着企业要付出更多的监督成本。此外，从外部引进的职业经理人往往对企业缺乏整体上的认识，也会给家族企业的发展带来一定的风险。

最后，就复合模式而言：这一模式需要企业付出更多努力。打铁还需自身硬。家族企业要对家族成员不断进行培养和选拔，使他们能够获得在家族企业中的合法性的权威，而不是通过"空降"和"裙带关系"等方式进入家族企业。事实上，为了后继有人，许多家族企业"掌门人"都在不断磨砺和培育后代。如长江集团李嘉诚"从娃娃"抓起，让二代远赴欧美国家接受管理教育，并让二代从基层干起，进行实战训练。此外，众人拾柴火焰高，随着家族企业规模的日益扩大，仅靠家族成员的力量来经营企业是不够的，需要更多的优秀人才加入家族企业。在此情况下，谁来做"领头羊"更需要慎重考虑，而不能拍脑袋决定。思考用什么样的制度来选拔接班人比思考选择谁来接班更重要。因此，必须建立健全现代企业制度，通过完善委托—代理制、员工参与制、董事会集体决策等制度来管理家族企业，让人才在制度下充分发挥作用。特别地，对于聘请的职业经理人，需要通过放权与股份制改造相结合的方式，提高职业经理人在企业经营管理中的地位，从而确保职业经理人与家族企业利益的统一，使职业经理人和家族企业同向前进，而非背道而驰。

第三节　国内外代际传承模式比较

"传给谁、传什么、何时传、如何传"一直是家族企业传承备受关注的问题，不同地区文化背景会影响人们对于"家"的理解，进而在家族企业传承中表现出各自的特点。欧美文化极具个人主义色彩，家族是建立在契约关系和个人主义基础上的，亲属关系也会被契约关系所替代，在家族企业的代际传承中职业经理人体系的发展更加完善，为企业继承者的选择提供了另一个选项（唐震，2003）。

在日本人的观念中，"家"的含义通常是指居住的房子，是由生活在一起的成员构成的超血缘集团。不仅包括现有的成员，也包括过去住在这个家的成员，以及即将住进这个家的成员，还包括长期居住于家中的非血缘关系的成员（朱长明，2009）。"继家"实际上包括"继名"和"继业"两层含义，在接班人选择上更具弹性，往往能够做到择贤而取。

中国家族是由父系族谱关系所延续的血缘集团，家族关系也表现为依血缘亲疏形成的差序结构。家族成员在企业中的位置不是依据其才干，而是由这种差序结构确定（常雪，2007），如亲子与养子一字之差，在地位上则是天壤之别，这也使得中国家族企业传承以"子承父业"为主导模式。中国的"继家"更注重的是家产的继承。

基于文化背景的不同，本书从 Who——传给谁，When——继承者培养计划，What——传什么和 How——家族财富如何传承四方面对国内外家族企业代际传承模式进行了对比，具体如表 2-1 所示。

表 2-1　国内外家族企业事业传承模式比较

模式 对比内容	日本模式	美国模式	欧洲模式	中国模式
Who	超血缘的家族成员，选择有弹性，择贤而取	子女、亲戚、职业经理人	子女、亲戚、职业经理人	有血缘关系的子女
When	孩童时期就开始培养	接班人计划及培养体系完善	将继承者培养和权力传递作为系统工程，并让公司元老帮助过渡	大多企业缺乏继任计划，体系不完善
What	家名与家业的传承	注重家族精神与价值观的传承，力求家族精英化	家族价值观、家族财富	家产的传承
How	家族信托与基金	家族办公室	家族基金	家族基金事业传承体系待完善

资料来源：作者整理所得

一、传给谁（Who）

欧美家族企业继承者的选择，多从大家庭内进行挑选，以创始人自己的子女为主，同时让兄弟姐妹、兄弟姐妹的子女担任企业高层管理人员共同参与企业管理，从而确保企业在规模扩大、业务复杂化时能够把握住对企业的控制权。但是随着家族企业的不断发展，家族企业规模扩大，管理决策活动变得更加复杂和技术化，对家族企业管理的专门化和精细化要求不断提高。但由于家族内部高层管理人才资源的限制，若将继承人的选择范围局限于核心家庭成员和家族成员可能会导致"后继无人"问题的发生。鉴于此，欧美家族在由子女继承家业的基础上，引入了职业经理人，并建立适度的授权、分权体系，实现所有权与控制权相分离。

日本家族企业的后代选择，以"长子继承制"和"超血缘继承"并行，且很少因传承问题被诟病，家族企业的平均寿命也较长。如松下电器公司的创始人，被称为"经营之神"的松下幸之助在 1961 年将公司交给了他的"婿养子"松下正治（原姓本田）。又如丰田家族第一代业主丰田佐吉将丰田公司交给了他的"婿养子"丰田利三郎（原姓儿玉），丰田利三郎成为丰田公司的第一任社长[1]。美籍日裔学者福山认为，这是因为日本家族成员的联系相对脆弱，责任和义务并不强，家族企业中的各个角色并不一定要由有血缘关系的人来担当。"宁愿把继承权传给外贤者，也不传给能力低的亲儿子"，这在日本很普遍。当然，这里所说的"外贤者"并不算绝对的"外人"，因为家族掌权者通常会将这个人收为"养子"。此外，与中国的"诸子均分"相比，日本实行的是"长子继承制"，这也最大限度地避免了家族企业在代际传承过程中尤其是传承者过世后被儿女瓜分的命运，保证了家族企业的持续发展。

受我国"家文化"价值观与"差序格局"的影响，我国家族企业传承和经营过程中非常强调家业的私有属性和血缘关系。虽然有家族企业引入职业经理人，如美的集团、苏泊尔集团"去家族化"，但国内家族企业主流继任模式仍为"子承父业"，且当前国内有效的职业

---

[1] 朱长明.日美家族企业权利传承的模式及启示［J］.商场现代化，2009（3）：88-89.

经理人市场的不完善也并不能保证家族企业能够招募到合适的职业经理人。此外，当代中国家族企业与国外的家族企业相比，具有企业规模小、传承时间短和传承模式相对单一的特点。

二、继承者培养计划（When）

继任计划是家族企业得以顺利传承的重要保障。家族企业的持续发展不仅依赖于创始人的领导和努力，还依赖于继承者对家族企业的持续治理。若家族企业缺乏继任计划，在面临不确定性，如创始人突然去世时，继承者之间的斗争与冲突常常变得非常激烈，严重者不仅影响家族企业经营绩效，还会导致家族企业分崩离析。

国外家族企业起步较早，已经历过一代或多代传承，有较为完善的继任计划与继任计划的实施机制。继承者未成年时，家族企业就会建立由律师、银行家等组成的托管财产团队进行家族企业资产托管，还会为继承者聘请由教师、律师、公关人员和公司元老等组成的辅导团队，培育继承者的继任能力。在专门团队的辅佐下，继承者会接任家族企业，并继承股权和财产。美国的洛克菲勒家族，在家庭教育中十分注重亲子陪伴与沟通（赖勤、王兆华和毛瑞河，2008）。创始人约翰·洛克菲勒的父亲威廉经常好几个月在外做生意，但会坚持写信与约翰保持沟通。如果在家也会尽量陪伴约翰，让约翰感受到父爱一直都在。约翰也将父亲的做法用在了对自己子女的教育上。无论多忙，每周至少花一天时间和家人一起吃晚饭，不处理其他任何事情，只和子女交流生活上的事情。良好的亲子关系能够增强继承者的家族归属感，提高其接班意愿。此外，洛克菲勒家族认为，有钱家庭的孩子比普通人家的孩子更易被物质诱惑。所以，他们对后代的要求会更严格。约翰的父亲威廉独创"洛氏14条用钱备忘录"，家族一直沿用至今，家族的每代成员都必须严格执行，并接受检查，否则，就会一分钱也得不到，真正做到"理财从娃娃抓起"[1]。其他传承较久、实力较强的家族企业也是如此。杜邦家族的成员从小就明白，要成为杜邦公司的领袖，必须具备真正被家族接受的竞争力和领导力。他们从小就要在杜邦公司的底层工作，必须从底层开始用自己的能力和同辈们竞争。这也是杜邦家族100多年来能不断培养出各种优秀人才并将家族企业代代相传的原因之一[2]。

欧洲地区家族企业也具备完善的继承人继承计划，如传承六代的爱马仕家族，将继承者培养和权力传递作为一个系统工程，对于继承人的培养始于孩提时代。家族中的父辈会带下一代参观爱马仕手工作坊及工厂，亲身接触把玩不同的产品，并在寒暑假时造访爱马仕在全球的旗舰店。而且，家族成员在进入家族企业管理层之前还要经历一个学徒期，确保进入企业管理的家族成员具备相应的管理能力，并对家族企业有高度的认同感[3]。

在东亚地区，日本家族企业如丰田、松下，也早早开始对继承者的培养。丰田家族在后代幼孩阶段，就请企业最优秀的管理者辅导他们，这也使得后代长大后很重视对家族形象与荣誉的维护。

我国的家族企业与国外其他地区的家族企业相比相对"年轻"，许多家族企业仍是由第一代创始人掌控并经营管理，有健全的、明文记载且清晰传达的继任计划的家族企业较少。在继承者的培养与继任

[1] 约翰·D.洛克菲勒.洛克菲勒给孩子的38封信［M］.吉林：吉林出版集团有限责任公司，2012.

[2] 王翔，杨飚.杜邦家族：薪火燎原（下）［J］.新财富，2013.

[3] 张欣.园丁与豪门：爱马仕家族如何延续186年［EB/OL］.21世纪经济报道，2023-12-6. https://m.21jingji.com/article/20231206/herald/c6e03dd296a52cdffbc05ec3d675cdcb.html.

计划方面，还没有形成完善的计划和体系。然而，继任计划的不完善会对家族企业的持续发展造成不利影响。

三、传什么（What）

对于"家族企业传承"，大多数人想到的是传承者将企业的所有权和管理权交给下一代，并让企业在下一代的管理经营下继续发展壮大，并实现跨代的财富积累。但在传承过程中，留给后代的除了家业和财富，或许还有其他的东西——家族精神，其是将家族成员紧密联系在一起的无形纽带。

日本丰田的"一代人，一事业"隐含着家族对于"职人文化""专精特新，寻求创新"的传承，将每一代接班人都培养成创一代。美国洛克菲勒家族的成员一直都在坚持着小约翰·洛克菲勒留下的家族信条，即每一种权利皆包含一种责任、每一个机会皆包含一个义务、每一次拥有皆包含一份职责。家庭价值观更是维持洛克菲勒家族团结一致的最强黏合剂，尤其是对慈善事业的推崇。而欧洲众多"隐形冠军"式家族企业，也在多年默默传承中坚守着自己的价值观。匡特家族至今仍然保持着从19世纪中叶以来的家族传统——谦逊、低调、自信与坚韧。

我国家族企业发展时间较短，目前多数还处于一代向二代传承阶段，传承内容也以企业的所有权和管理权为主。精神财富的传承对于家族企业长久传承有着重要作用。我国家族企业创始人在传承过程中也应当考虑对家族精神、家族共同价值观的传承。

四、如何传（How）

国外家族企业起步较早，对于家族财富的管理方式与手段也较为成熟，如采用信托或者家族基金。

美国的财富家族众多，家族内部有着自己的财富传承工具和完善的传承管理体系。以洛克菲勒家族为例，从洛克菲勒家族神话的创始人约翰·戴维森·洛克菲勒算起，这个富可敌国的家族已经传至第6代。其家族财富传承有三大法宝：家族信托、慈善基金会、家族办公室。1913年，洛克菲勒基金会成立，老洛克菲勒的儿子小洛克菲勒当选基金会主席。洛克菲勒基金会主要有两个功能：一是捐赠和慈善，负责花钱；二是资产配置，负责赚钱。洛克菲勒家族开了家族财富慈善的先河。洛克菲勒全球家族办公室是整个家族的权力中枢系统，如今已成为多个富豪家族服务的全球联合家族办公室。与此同时，洛克菲勒家族还通过信托基金来管理家族资产，既能保证家族财富的保值与增值，也能更好地传承家族价值观。

与其相似的还有杜邦家族，主要采用家族信托和家族基金会的方式。从第四代成员开始，杜邦家族设立了健全的家族信托机制，并在各个分支下设立了多个基金会。例如1903年成立的威尔明顿信托公司，就是科尔曼为了设立家族信托而成立的。正是因为家族为家族成员广泛设立了各种家族信托，才使得1982年杜邦家族同时有28人登上了《福布斯》首个富豪榜。威尔明顿信托公司至2013年仍持有690万股杜邦公司股票，价值3.6亿美元。再比如阿尔弗雷德·杜邦遗产基金和长木基金会，都是杜邦家族旗下的基金会。这些家族信托和基金会，目的各不相同，但都在杜邦家族企业代际传承的过程中发挥了重要作用[1]。

日本丰田家族也同样设立家族基金。丰田家族只持有2%左右的丰田汽车股份，与福特和菲亚特等汽车企业相比，丰田汽车创始人家族持股比例要低得多。但从丰田汽车的继承者传递过程看，丰田家族对丰田汽车有着极其重要的影响，其中最大的原因是有个可控的家族基金。丰田家族除了长子继承制，还保留着强强联姻的传统。这种强强联姻可以保证在内部股权极其稀释的情况下依然能够使家族具有一定的影响力，如果没有外部的强大联姻，丰田家族基金的规模会大很多[2]。

目前，国内家族企业正处于家族财富快速增长并由一代向二代传承的过程之中，家族财富管理的方式手段并不成熟，没有形成体系。纵观国内，家族财富传承最主要的平台是家族办公室，其次优先会使用的家族财富传承工具是家族信托、保险计划和保险金信托。

本章主要参考文献

［1］常雪.中、美两国家族企业成长道路的比较研究：兼论中国家族企业的成长［J］.特区经济，2007（6）：96-98.

［2］黄启科，高倩，李光明，等.丰田汽车家族传承特色与经验探析［J］.全国流通经济，2020（25）：46-48.

［3］吴磊，白炳贵.家族企业接班人培养的影响因素分析：以温州为例［J］.经济研究导刊，2012（14）：4.

［4］唐震.家族文化视角中的美、日、中三国家族企业比较［J］.软科学，2003

［1］ 王翔，杨飔.杜邦家族：薪火燎原（下）［J］.新财富，2013.

［2］ 黄启科，高倩，李光明，等.丰田汽车家族传承特色与经验探析［J］.全国流通经济，2020（25）：46-48.

（4）：36-38，58.

[5] 王翔，杨骊.杜邦家族：薪火燎原（下）[J].新财富，2013.

[6] 张锐.洛克菲勒家族：贪婪与高贵的"超级财阀"（下）[J].对外经贸实务，2018（12）：12-16.

[7] 张锐.匡特家族：驾驭恢弘产融城堡的隐形"沙皇"（上）[J].对外经贸实务，2020（2）：13-17.

[8] 张锐.匡特家族：驾驭恢弘产融城堡的隐形"沙皇"（下）[J].对外经贸实务，2020（3）：12-16.

[9] 钟建安，陈红.浅析家族企业内部接班过程及模式[J].科技进步与对策，2004（1）：45-46.

[10] 朱长明.日美家族企业权利传承的模式及启示[J].商场现代化，2009（3）：88-89.

chapter three

第三章

家族企业事业
传承之道

第一节　如何衡量成功的事业传承：
传承绩效

"创业难，守业更难。"对于家族企业而言，前人辛苦打拼来的事业如何顺利地在子孙手中传承得以持续治理，一直以来都是家族企业重点关注的难解之题。事业传承是保证家族企业基业长青的关键环节。家族企业能否成功实现权杖的交接，不仅关乎企业自身的持续发展，还关系到整个民营经济能否在市场经济中持续健康成长（于斌斌，2012）。对传承的结果做出科学的评价，明确如何对成功的事业传承进行衡量，是家族企业追寻成功传承的前提和基础（窦军生，2007）。

曾叱咤美国电子市场的王安电脑公司，创始人王安将公司传给了其子王烈，然而王烈继任不到两年，公司财务状况急转直下，深陷巨额债务困境。为扶大厦之将倾，王安亲自宣布辞掉其子王烈，聘请职业经理人，但最终并没有挽狂澜于既倒[1]。最后，在王安将公司传给其子不过六年后，王安电脑公司宣布破产。王安电脑公司的传承失败导致了一代电脑帝国的陨落。事业传承作为上下两代权力交接的桥梁与枢纽，是家族企业在发展中面临的重要挑战。在王安电脑公司的传承败局中，继承者被解雇与企业破产都象征着传承的失败。

鉴于家族企业在推动经济发展中扮演着越来越重要的角色，在过去几十年里业界和学界对家族企业成功传承的关注也较多，对传

---

[1]　周锡冰.中国家族企业死亡真相调查报告［M］.北京：经济管理出版社，2019.

承结果的评价也做出了大量的研究和实践，值得进行总结。那么何谓成功传承？如何予以衡量？德鲁克在《巨变时代的管理学》一书中曾说，就管理而言，家族企业迫切需要不一样的规则，这些规则必须被严格遵守，否则家族企业就无法生存。相较于非家族企业，家族企业具有"企业性"和"家族性"的双重性质。若是单一地从其中一个维度来评价家族企业的传承绩效，无法反映出家族企业的特殊性和复杂性。只有同时关注家族企业的企业角度和家族角度，才能全面地评价事业传承是否成功。从企业角度，可依据传承后的企业绩效来评价继承者是否有让企业持续成长并不断保持盈利的能力，来反映传承的效果（Pyromalis et al., 2008）。从家族角度，"继任满意度"这一主观的概念可以反映传承的质量（Morris et al., 1997），其中不仅包括家族成员对传承过程的满意度，还包括企业员工对整个传承过程的满意程度。总而言之，衡量家族企业的事业传承是否成功，不仅要从企业的角度评价其客观绩效，还要从家族的角度考察其主观绩效。

一、客观绩效——企业绩效

如何衡量企业绩效是一个难题。企业活动的复杂性和多样性使得企业绩效具有了多维特征。在家族制的背景下，衡量企业绩效的指标也比较难以确定。长久以来，无论是业界还是学术界都对企业绩效这一多维度的衡量标准莫衷一是。

横向来看，通过比较同一时间段企业与企业之间的绩效能够反映传承后家族企业绩效的好坏。将传承后家族企业的规模、销售额、市场份额、员工离职率和盈利能力等方面的增长与其他同类企业进行比较，可以判断代际传承对于企业竞争力的影响。

纵向来看，比较传承前后企业的绩效变化是一个直观的方法。企业的绩效划分为财务绩效和业务绩效，通过比较家族企业在传承前后的资产回报率、投资回报率、股本回报率等能够衡量企业盈利能力的财务绩效，以及产品质量、市场份额、新产品引进、营销效率等反映企业竞争力的业务绩效，以此判断传承对企业盈利能力和竞争力的影响。此外，也有观点认为总资产收益率是反映企业资产收益能力最稳定可靠的指标，应该采用家族企业传承前后总资产收益率的变动情况作为企业传承绩效的主要衡量方式（朱晓文和吕长江，2019）。

过去几十年在家族企业研究领域中，关于代际传承的客观绩效衡量的研究积累了丰硕的研究成果。总结前人的硕果，可以用以下六个指标来概括企业绩效的衡量：人才结构、产品技术、品牌形象、市场份额、利润增长和企业规模（于斌斌，2012）。通过纵向和横向地比较企业传承前后这六个指标的变化，能够较全面、客观地评价传承对企业绩效的影响。

1. 人才结构

企业的硬实力、软实力，归根结底要靠人才实力。在评价家族企业的人才结构时，要关注人才结构的"质"与"量"。"质"主要体现为人才的健康状况、知识水平、技能水平、道德品质、个人修养等，"量"主要体现为人才的流动程度，如离职率等。无论是家族企业还是非家族企业，其员工是否有增值的资产能够反映出该企业是否具备竞争力。因此，评价家族企业在传承前后的人才结构的变化能够一定程度上客观地反映出传承给企业绩效带来的影响，帮助分析和判断事业传承是否成功。

2. 产品技术

创新是企业发展的活力源泉，科学技术是支撑企业发展的核心要素。在竞争日益激烈的市场环境下，获取和保持独特的市场竞争力对企业来说至关重要。企业的市场竞争力，往往体现其产品满足消费者需求的程度，而产品的迭代升级，离不开技术的支持。逆水行舟，不进则退。对于家族企业来说，企业的产品技术同样关系着其竞争力强弱，若在代际传承后其产品研发投入、产品迭代速度、产品满足消费者的需求程度不如传承前，那么就难以说该传承给企业的发展带来了积极影响。

3. 品牌形象

2022 年的 Brand Finance 全球品牌价值 500 强榜单上，苹果公司以 3550 亿美元的创纪录品牌估值蝉联全球最具价值品牌称号。毫无疑问，苹果公司已经使其品牌成为一种文化现象。若说有形资产是企业的躯体，那么无形资产便是企业的灵魂，而品牌正是企业无形资产的核心，品牌形象能够驱动这种无形资产的形成。品牌形象是消费者对品牌的认知。对于家族企业来说，消费者对产品信誉、产品品质的认知以及向其他消费者推荐的可能性等都是构成其品牌形象的重要因素。品牌形象的建设和维护也是衡量家族企业事业传承是否成功的一个指标。

4. 市场份额

农夫山泉与怡宝的相互较量、格力与美的三十余年的恩怨情仇，究其原因都离不开对市场份额的争夺。市场份额的重要性远大于市场本身，它象征着对市场的掌控力，代表着企业在竞争中的优势。家族企业的发展历程同其他企业一样，是一个把产品推向市场，占领市场的过程。家族企业在代际传承前后市场份额的变动，反映了其在市场中的地位变化，一定程度上代表了传承的结果。

5. 利润增长

对于某些家族企业来说，其"家族性"要求在位者把家族的社会声誉放在首位，而不是仅仅追求企业利润。但盈利能力始终是企业赖以生存的生命线，是企业经营能力的直接体现。对于家族企业而言，盈利能力也同样是其发展和存续的命脉。家族企业在代际传承后能否维持或提高企业的利润增长，是事关家族企业基业长青的重要因素。

6. 企业规模

"做大做强，再创辉煌"表达了家族企业不断发展和壮大的意愿。其中"做大"是指家族企业在发展过程中对规模的追求，通过扩大规模获得成本优势和市场影响力。虽然"做大"不一定能"做强"，但是不能"做大"往往也很难实现和保持"做强"。对家族企业而言，从某种程度上来说，企业在事业传承前后销售收入、总资产或者员工人数的变动，是衡量家族企业传承成功与否的一个指标。

值得一提的是，由于财务数据的敏感性，外界往往难以获得企业的真实的财务数据来评估家族企业的企业绩效。鉴于此，学界和业界通过让家族企业中的员工和领导对企业绩效进行主观评价来测量客观的企业绩效。这一方式在学界被证明是可行的，在实践中也被广泛应用。

二、主观绩效——传承过程满意度

家族企业的事业传承是一个时间跨度较长的过程，短则三到五年，长则十到二十年。这个过程中涉及多方利益主体，除了继承者和在位者，还包括对企业具有重要影响的其他家族成员以及非家族成员。鉴于家族企业的特征，从家族角度，要考虑传承者、继承者和其他重要家族成员对传承过程的满意度；从企业角度，要考虑家族企业内其他非家族成员对传承过程的满意度。换言之，家族企业事业传承过程满意度的衡量可以分为两个维度：家族成员对传承过程的满意度和非家族成员员工对传承过程的满意度。

1. 家族成员对传承过程的满意度（传承者、继承者、其他重要家族成员）

成功的事业传承过程是家族企业平稳过渡、持续发展的关键。在事业传承过程中，传承者和继承者是最直接的利益相关者。传承者和继承者对事业传承过程的满意度是影响这场权杖交接行动成败的关键因素。此外，其他的重要家族成员也拥有着影响家族企业事业传承是否能够顺利进行的力量。

在事业传承之前，选择什么样的传承者、如何培养传承者以及如何使传承者具备持续治理家族企业的能力，不仅是传承者和继承者关心的问题，也是其他重要家族成员关心的问题。若家族内其他重要的家族成员不支持或不认可选定的继承者，可能会导致内部冲突，破坏事业传承过程，阻碍事业传承顺利进行。在进行事业传承之际，继承者在父辈的庇荫下，如何树立新的权威，获得合法性，平稳地度过新旧交替阶段是对继承者的重要考验。在事业传承之后，传承者能够放手、放权和放心，继承者获得家族成员的认可和支持，继往开来，推进家族企业的持续治理，是家族企业事业传承成功的表现。

因此，在事业传承过程中，家族内部成员对继承者选拔标准、对准继承者人选、对继承者培养过程的满意程度，以及家族内部成员对传继者领导权的交接方式、传承后的股权分配、传承后对放权一辈的财务安排以及家族企业新发展战略等是否满意，会对传承后家族企业的持续经营产生重要影响。因此，在衡量继承是否成功时，家族成员对传承过程的满意度是无法被忽略的。

2. 非家族成员员工对传承过程的满意度

员工是家族企业效益的创造者。员工的满意度，特别是处于核心岗位的员工的满意度，是家族企业在未来的竞争中获得持续竞争优势的重要基础。百年老字号李锦记在"思利及人"这一核心价值观的指导下，通过"爽指数"来评价员工的满意度，并将其与绩效考核相结合，对员工实施了一系列的关怀措施，李锦记也因此多次荣获"亚洲最佳雇主"称号[1]。

李锦记能够实现百年传承的原因之一就在于他们对非家族成员员工的重视。出于对"家族性"的考虑，家族企业往往会重点关注家族成员的满意度，忽略非家族成员员工的满意度。随着"泛家族化"突破了血缘的限制，扩展了信任的边界，非家族成员员工也成为家族企业发展的不竭动力。在评价事业传承的结果时，应关注非家族成员员工对事业传承过程的态度、对传承者的看法以及对传承后公司经营管理现状的评价。

"其兴也勃焉，其亡也忽焉"，制约家族企业持续发展的因素固然很多，但事业传承是一个不可忽视的重要问题，稍有不慎便会葬送辉煌家业。任何家族企业都希望能够实现百年传承，永续经营。在此之前，明晰何为成功传承，才能够帮助企业更好地实现百年传承的愿望。

---

[1]　胡国栋.管理范式的后现代审视与本土化研究［M］.北京：中国人民大学出版社，2017.

第二节　如何实现成功的事业传承：
　　　　经验总结

古往今来，家族企业创始人在接班人问题上选择"子承父业"并不少见。成功如，5代人传承130余年的李锦记、李嘉诚长子李泽钜接手长江集团、杨国强的长女杨惠妍接手碧桂园、宗庆后的独生女宗馥莉接手娃哈哈以及曹德旺的长子曹晖接手福耀集团等。失败如，"山雨忽来，兵荒马乱"，李兆会在父亲意外离世后，紧急接手山西海鑫钢铁集团，企业经历了持续发展到衰败破产[1]；"家族内讧，相煎太急"，杨至耀从父亲手中接手"杨协成"后，杨氏家族内讧阻碍了企业的发展，最终导致百年企业"杨协成"被收购[2]。

坊间流传着家族企业"富不过三代"的说法。有调查数据显示，30%的家族企业能够成功传到第二代，12%能够传到第三代，能够传到第四代的仅剩3%[3]。成功传承对家族企业的可持续发展至关重要。传承是一个过程，而不是事件，涉及对继承者的选择、培养和发展，以及家族关系处理等多种问题。那么，家族企业如何才能成功传承呢？这是值得家族企业持续关注和不断追寻的重要问题。根据业界家族企业的传承经验和学界的研究总结，家族企业的事业传承是一个复杂且长期的社会化过程，其影响因素涉及传承者、继承者和其他利益

[1] 彭彬，江波.李兆会的14年：从身价百亿到债务缠身［N］.新京报，2017-12-18.
[2] 周锡冰.中国家族企业为什么交不了班［M］.北京：东方出版社，2014.
[3] 杜博奇.豪门兴衰：香港商业百年［M］.杭州：浙江大学出版社，2013.

相关者（如家族内非继任成员和家族企业高管）三大主体。与传承者相关的因素如传承意愿、传承规划和传承内容等；与继承者相关的因素如继任意愿、继任规划，包括继承者的合法性构建与继承者的胜任力准备等；其他利益相关者则主要集中于家族内非继任成员和企业高管团队（Chittoo and Das，2007）（如图 3-1 所示）。

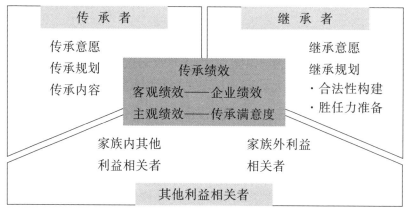

图 3-1　家族企业成功传承的影响因素

资料来源：作者整理所得

一、传承者视角

2020 年，刘畅入选"2020 年中国最具影响力的商业女性"榜单。接手新希望六和集团以来，刘畅做得很出色。刘畅的成长得益于其父刘永好对家族企业持续治理的规划与安排。刘永好的创业历程一直激励着刘畅。刘畅说其父亲从 1982 年开始创业，父亲创业的点点滴滴贯穿了她的生活。当时播遍全国各地电视台的广告词"养猪希望富，希望来帮助"，是自己小时候全家人在一起泡脚时想出来的。刘永好希望女儿成为自己的接班人，但在谈及接班时表示："是否接班要根据刘畅自己的意愿来决定。"他曾讲述他培养女儿接班的经历："小时候我带她到养猪场，她说太臭，后来慢慢愿意去了，现在她去得比我还多，这就是进步！"1996年，16岁的刘畅出国求学。2002年，回国后的刘畅以"李天媚"的名字进入新希望，分别在新希望乳业和新希望地产公司任职，低调历练。2013年，刘畅担任新希望六和董事长，陈春花担任联席董事。2016年5月，新希望六和原联席董事兼首席执行官陈春花离职，刘畅独挑大梁，担任董事长[1]。

1. 传承意愿

家族企业的事业传承意味着企业不仅是家族的一项资产，更是一笔向后代延续的家族产业。一般而言，传承者对"家族企业是否传承、何时传、传给谁以及如何传"拥有绝对的决策权，如果传承者没有传承意愿或者其传承意愿较弱，家族企业都不能进行成功的事业传承。传承者的传承意愿会对家族企业事业传承的成功与否产生重要影响（郑腾豪和王凤彬，2016）。对于传承者而言，科学认识事业传承中的权力交接，正确面对并主动放权是家族得以持续治理和发展的必要前提。有传承意愿的传承者会在家族企业的发展过程中对继承者增加有形资本和无形资本的投资，如教育投资、隐性知识的传递以及网络关系的构建等，来增强二代继承者的接任能力，以促进家族企业未来的继任绩效（Parker，2016），实现家族企业的持续治理。新希望集团就是很好的例子，刘永好意向将家族事业传承于刘畅，在刘畅小时候就注重对其的培养与历练。

事实上，很多年过花甲的企业家仍然活跃在企业的第一线。一

---

[1] 中国民营经济研究会家族企业委员会.中国家族企业年轻一代状况报告（2017）[M].北京：中信出版集团，2017.

方面，对于传承者来说，虽然为家族企业培养合格且优秀的下一代继承人至关重要，但并非易事。二代能力不足或继承意愿不足，找不到合适的继承者是一个关键问题。另一方面，也会存在"传承者不愿放手"，交班较晚的现象。香港珠宝大王郑裕彤 86 岁才交出帅印给 65 岁的长子郑家纯、香港娱乐圈教父邵逸夫 104 岁高龄才卸任香港电视广播有限公司董事局主席职务[1]。对于传承者而言，家族企业在其心中的地位极其重要，持续工作的目的是让家族企业实现更多的价值。再则，传承者对家族企业存在权力和情感的眷恋，将家族企业传承给下一代意味着传承者失去对企业的领导权和控制权，丧失因家族企业形成的身份和地位。虽然困难重重，但传承势在必行，传承者的传承意愿会对家族企业的顺利传承产生持续的影响。

2. 传承规划

"凡事预则立，不预则废。"家族企业的成功传承往往始于传承者的传承规划。未雨绸缪，尽早做好传承准备，为家族企业的事业传承规划一条良好的传承路径并加以管理是家族企业得以持续治理和持续发展的关键所在（Chittoo and Das，2007）。首先，规划甄选继承者并对潜在继承者进行有计划的培养是传承规划的一个重要方面。传承者对潜在继承者制订培养计划并进行有意识的培养，是二代继承者成功接任的重要前提。曹德旺对福耀集团的事业传承，布局了数十年，有意让其子曹晖接班，其间一直让曹晖在福耀集团的不同岗位上历练[2]。其次，家族卷入也是传承规划的一个重要方面。对于传承者而言，在

---

［1］　家办标准研究院.中国家族企业接班的悖论：不愿放手与不愿接班的困境［EB/OL］.就家办那些事儿，2022-9-23. https://baijiahao.baidu.com/s?id=1744753878205694477&wfr=spider&for=pc.

［2］　王缨，焦晶.曹氏传承［J］.中外管理，2012（2）：40-58.

二代潜在继承者的成长过程中带他们去了解家族企业的经营情况、参加一些家族企业的商业活动对继承者的顺利继承和对未来的继承绩效发挥着积极作用（Chittoo and Das，2007）。在2012（第十一届）中国企业领袖年会上，刘永好谈及接班称在刘畅小时候经常带她去养猪场，刘畅不愿意去，觉得那些地方太臭了，结果现在比他去的次数还多。刘永好对刘畅的引导是循序渐进的，给足时间和空间成长，使刘畅渐渐爱上了这个行业。李锦记为了下一代的成功"接力"，设立了家族委员会，定期召开家族会议，帮助家族成员了解家族企业的业务与文化。反之，没有传承规划或者传承规划不足则是家族企业不能成功传承的主要原因。传承规划的缺失还可能导致许多棘手的资产问题无法得到解决，进而会影响企业的财务状况。然而，根据复旦大学管理学院《中国家族企业传承研究报告（2021）》的调查数据显示，国内大约有80%的家族企业在传承议题上没有明确的传承规划，60.5%的家族企业暂无传承方面的安排和做法，保持顺其自然的态度。但事实是，制定了传承规划的家族企业其传承后的盈利能力要强于那些没有制定传承规划的企业。

3. 传承内容

家族企业的传承内容包括多个方面，如领导权的传承、管理权的传承和知识资本的传承等。知识资本包括企业家精神的传承、创新思维的传承、政治关联的传承、技术诀窍的传承、管理经验的传承和社会资本的传承等（李雪松，2022）。领导权和管理权的传承在制度和流程的加持之下会得以完成，相对而言，知识资本的传承是传承内容中的重点也是难点。蕴含于传承者和家族企业中的知识资本对家族企业的成长发展至关重要。可以说，家族企业传承的成败在本质上取决于知识资本是否得以传承，以延续"家族性"，帮助家族企业实现或维持相对于非家族企业的竞争优势（Sharma et al.，2003）。隐性知识是知识资本中的重要组成部分。隐性知识不仅是构成传承者竞争优势的关键因素，也是家族企业的宝贵财富。家族企业的成长发展不仅会受到传承者的领导驱动，还会依赖传承者和家族中"只可意会，不可言传"的隐性知识。能否在事业传承过程中实现传承者和家族所拥有的隐性知识的成功转移，直接关乎家族企业的竞争优势能否得以延续。传承者在任职期间拥有的大量与企业发展有关的隐性知识，需要通过社会化、外显化和内隐化的过程来完成向继承者的转移和传承，以实现事业传承核心内容的交接。正如厦门总商会青委会主任陈朝宗所说"我们这一代的责任，是延续父辈的精神，并创造性地寻找新的事业。传承并不一定是直接接受企业，而应该有更丰富的内涵，最重要的是一种精神传承，价值观传承"。随着大数据、云计算、区块链和物联网等数字化技术的不断发展，家族企业知识资本的传承模式也在寻求数字化技术的支撑与赋能，以促进知识资本的传承效率，提升家族企业的传承绩效。此外，传承者对继承者的信任与尊重，以及双方之间的相互尊重、相互理解，有效地沟通和反馈都可以促进双方建立良性循环关系，促进知识资本和社会网络关系的成功转移。

二、继承者视角

海智公司是一家较为年轻的家族企业，于1993年在上海注册成立，主要从事智能低压电器电子产品开发。西门子、上海电器是海智公司的主要用户。随着公司的不断发展壮大，对于创始人李总来讲，为家族企业甄选和培养合格的接班人非常关键。创始人李总有两个儿子，都在大学主修了电气自动化专业。其中，大儿子对家族和公司具有很强的责任感，且具有较强的接班意愿。

相对而言，小儿子对管理企业不感兴趣，专一搞技术钻研。最终，海智公司由创始人李总的大儿子小李总接管，整个接班过程平稳自然。小李总一直认为家族企业必须得持续治理，家族企业的传承不仅是财富的传承，更是事业的传承，其中最重要的就是家族精神（如创业精神和家族信仰）的传承。因小李总具有强烈的继承意愿，他辞去某研究所的工作，跟父亲和叔叔们一起创业奋斗，并全权负责家族出资成立的子公司，不断历练提升，促使自己成为一名合格且优秀的接班人。

1. 继承意愿

继承者的接班意愿是影响家族企业继任绩效的重要因素（Sharma et al.，2003）。家族企业是否拥有愿意接班且对企业有高度责任感和忠诚感的继承者对传承成功与否至关重要。继承者的意愿范畴较为广泛，具体包括继承者在思想上是否有接班意识、是否有管理家族企业的强烈愿望、是否觉得在家族企业中工作是有意义的、是否具有家族自豪感、是否发现家族企业中的存在机会比其他任何地方都更具挑战性、是否有信心成功地管理家族企业以及是否付出了努力来帮助家族企业取得成功等（Gagné et al.，2019）。上述案例中，小李总的成功继任在很大程度上受益于他的继承意愿。实践中还有很多这样的例子，如美邦服饰的胡佳佳意向接手美邦服饰，从 2011 年获得了时尚营销硕士学位后，就在美邦服饰总裁办公室、Metersbonwe 鞋类开发营运部、品牌营销部、战略发展部等多部门轮岗，显然为接班做了充分的准备[1]。再如万向鲁伟鼎很早就开始与父亲鲁冠球一起处理公司事

---

[1]　张钦. 300 万中国民企面临接班换代"富一代"难找二代接班人［N］. 北京青年报，2017-04-02.

务，从机修工到车队负责人再到其他岗位轮岗。通过历练和准备，他在 21 岁时就已经出任了集团副总裁，两年后即接任了万向集团总裁的职务[1]。

根据复旦大学管理学院《中国家族企业传承研究报告（2021）》的调研数据，从家族企业交接班意愿来看，已有 64.3% 的创始人年长子女就职于自己的家族企业，此外，40.9% 的子女表示有明确的接班意愿。其中，在创始人子女中，无论是就业比例，工作于自家公司的比例，还是接班意愿的比例，男性都明显高于女性。细分行业来看，资本密集型企业继承者的继承意愿最强，知识技术密集型企业有接班意愿的子女仅占 16.7%，相较而言，服务业企业中子女接班意愿不强烈，制造业企业子女的接班意愿更强。一些二代继承者不愿意继承家族企业的理由主要有：传承者与继承者沟通不足，或者传承者在继承者面前过度提及企业事务，导致继承者对接任家族企业兴趣不足或有抵触情绪；同时，家族成员之间的矛盾也会使一些继承者不愿继承家族企业。

2. 继承规划

（1）继承者合法性构建

继承者的合法性即继承者权威，是家族企业内部对继承者继任行为的认同感。一般而言，继承者的合法性可以从四个方面去理解，一是来源于理性规则体系中的法理性权威。继承者继任家族企业后，依据继任制度就可以获得相应的法理性权威。二是家族企业的传统性权威。家族企业在发展过程中会形成一种基于传统、惯例或一贯理念之

---

[1] 张钦.300 万中国民企面临接班换代"富一代"难找二代接班人 [N].北京青年报，2017-04-02.

上的传统性权威。继承者的行为与这些传统、惯例或一贯理念的要求相匹配才能获得这种传统权威。三是魅力性权威。魅力性权威建立在继承者个人所具有的非凡品质之上。四是能力性权威。鉴于领导者的能力对家族企业的持续治理至关重要，基于继承者的经验和知识形成的能力性权威也是继承者重要的合法性来源。显然，第一种权威（法理性权威）是从继任制度和继任章程中派生出来的，属于继承者被动继承的制度合法性来源。而后三种权威则是建立在继承者的个人权威之上，属于继承者可以主观获得的合法性。对于继承者而言，合法性并不是一种规则，而是一种能够帮助继承者获得其他资源的资源，也就是说，继承者可以通过有目的的行动主动争取获得合法性。

核心家庭二代作为家族企业所有权和控制权的合法继承者先天便拥有了法理性权威，其在对家族企业深刻了解的基础上表现出符合家族企业传统性权威要求的行为就能获得一定的传统权威。但其魅力性权威和能力性权威则需要后天的培养和努力才能获得。在实践中，二代继承者的魅力性权威和能力性权威往往是最重要的。继承者是否有能力持续治理家族企业，实现家族企业利益相关者的期望是其是否能获得家族企业认可的关键之处。那么，继承者怎样才能获得个人权威呢？个人权威和继承者的成长经历息息相关，在成长过程中做好胜任力的准备，在事业传承中迅速达到或超越父辈的经营绩效则是重要方式。

（2）继承者的胜任力准备

正所谓"不谋万世者，不足谋一时；不谋全局者，不足谋一域"。继承者的胜任力准备水平会对继任绩效和家族企业的持续盈利能力产生积极影响。根据实践中成功传承的例子，李锦记、长江集团和新希望集团等的继承者在接班前都通过接受专业教育、定期参与商业研讨、参加家族会议、接受专业指导、在家族企业内部轮岗以及在家族企业外部工作等方式储备治理家族企业的能力，以保障家族企业的顺利传承。

继承者的胜任力是指家族企业继承者所具有的与家族企业继承绩效相关联的知识、技术、能力、动机和价值观等要素，这些要素是继承者在事业传承中面对未知变化、威胁和机遇时能够利用现有资源及时作出应对，保障家族企业稳定运行和持续发展的能力。继承者的胜任力涵盖的内容很丰富，包括社会网络能力、学习创新能力、政府关系能力和资源整合能力等，这些能力会对其继任绩效产生重要作用。多项研究证实，相当比例的传承失败根源在于继承者无法胜任领导角色，缺乏掌控传承过程的能力（王连娟，2007）。通过多种途径接受教育、培训和锻炼，通过恰当的职业发展方式储备并提高胜任力，成为家族企业继承者提升继任绩效，促进家族企业持续发展的主要方法。在实践中，很多家族企业二代在正式接班前都会深入家族企业进行轮岗历练，以适应工作环境、积累工作经验、提升工作技能和提升策略性领导技能，为未来继承家族企业的领导权、解决和处理家族企业中的复杂问题奠定基础。而且，在内部轮训历练储备胜任力也有利于促进传承者和家族企业的隐性知识向继承者转移。当然，也有一些继承者会通过外部工作经历提升胜任力。外部工作经历会使继承者在企业中制定战略、健全管理体系和拓展市场方面获得新的思路。"厚积薄发，方能久远"，达利食品的继承者许阳阳用这八个字来形容对年轻企业家的成长路径的认识和理解，她认为一个合格的继承者既需要有谋一域的"能"，又需要有谋全局的"慧"，没有进行谋一域"能"的历练，自然也谈不上谋全局"慧"的养成[1]。

---

[1] 中国民营经济研究会家族企业委员会.中国家族企业年轻一代状况报告（2017）[M].北京：中信出版集团，2017.

三、其他利益相关者视角

1. 家族内其他利益相关者

家族企业的事业传承是一个复杂的过程，其中不仅包括对继承者胜任力的考量，还涉及对偏好、权力和政治等因素的考虑。在家族企业中，即使某位继承者能力出众，也有可能会因家族内部的冲突和纷争影响继任绩效。家族内的利益相关者也是影响家族企业事业传承的重要因素。

优良家风是事业传承之脉。"家风纯正，则雨润万物；家风一邪，则污秽尽来"，只有重视家族关系的建设，家族事业才能够更好地传承。家族企业之所以不同于非家族企业，是因为具有亲属关系的家族成员参与到了企业管理中。家族关系在促进家族企业顺利传承中发挥着重要作用。融洽的家族关系可以确保继承者和家族内非继任成员的相互信任和相互尊重，以及相关知识的有效传递，也有助于家族企业战略愿景的开发与建设（Sharma et al., 2001），会对家族企业成功传承产生积极影响。家族企业中的亲属关系多种多样。家族内非继任成员，如继承者的兄弟姐妹、配偶、同代或异代姻亲都会对家族企业的平稳交接形成重要影响。通常来自家族内非继任成员的敌对或竞争会导致家族企业继承不顺利，阻碍传承后的企业经营，甚至会导致家族企业走向衰落。家族理事会是存在于家族企业中的一个特殊组织，其对家族成员具有一定的影响力和号召力，会召集家族成员就家族中的一些关键问题进行讨论和解决，在调节家族关系、处理家庭纷争、提出传承建议等方面发挥着重要作用。

2. 家族外利益相关者

家族企业事业传承成功与否在受到家族内利益相关者影响的同时，还受家族外利益相关者对继承过程满意度的影响。企业高管团队、创业元老和外部家族顾问等都是家族企业重要的利益相关者。例如，如果企业高管团队能够帮助继承者顺利接班，不对家族系统和企业系统进行干扰，那么就可以促进事业传承顺利进行，助力家族企业持续治理。也就是说，继承者和企业高管团队、创业元老、外部家族顾问等之间建立高质量、和谐的共事关系对其继承过程、继承绩效和家族企业的持续盈利能力有重要的作用。在理想的关系中，需要双方互相支持与合作，并愿意分享信息。

本章主要参考文献

［1］Gagné M, Marwick C, Pontet S B D, et al. Family business succession: what's motivation got to do with it? [J]. Family Business Review, 2019, 34 (2): 1–14.

［2］Morris M H, Williams R O, Allen J A, et al. Correlates of success in family business transitions [J]. Journal of Business Venturing, 1997, 12 (5): 385–401.

［3］Pyromalis V D, Vozikis G S, Kalkanteras T A, et al. An integrated framework for testing the success of the family business succession process according to gender specificity [J]. Handbook of Research on Family Business, 2006: 422.

［4］Sharma P, Chrisman J J, Chua J H. Predictors of satisfaction with the succession process in family firms [J]. Journal of Business Venturing, 2003, 18 (5): 667–687.

［5］Sharma P, Chrisman J J, Pablo A L, et al. Determinants of initial satisfaction with the succession process in family firms: A conceptual model [J]. Entrepreneurship Theory and Practice, 2001, 25 (3): 17–36.

［6］李雪松.家族企业隐性知识传承数字化驱动评述与展望［J］.中国市场，2022（32）：100-102.

［7］王连娟.晋商接班人选择及其启示：解读晋商东掌制度［J］.经济管理，2007（3）：53-57.

［8］辛金国，吴雪婷.家族企业政治联系与传承绩效实证研究：基于社会情感财富理论的分析［J］.浙江社会科学，2016（10）：72-80，156-157.

［9］于斌斌.家族企业接班人的胜任—绩效建模：基于越商代际传承的实证分析［J］.南开管理评论，2012，15（3）：61-71.

［10］余向前，骆建升.家族企业成功传承的标准及影响因素分析［J］.江西社会科学，2008（5）：99-103.

［11］郑腾豪，王凤彬.中小家族企业代际传承意愿匹配及效应分析［J］.财经问题研究，2016（7）：111-116.

chapter four
第四章

传承者与家族
企业事业传承

第一节　传承意愿

　　"传承意愿"有别于"继承意愿"，关注的主体是家族企业的传承者，指传承者向下一代继承者传递企业领导权的意愿。传承者向继承者传递领导权、将企业作为传承家族愿景的载体，这是家族企业与非家族企业在领导人意识层面的根本区别（Chua et al.，1999）。回顾中国的商业史，商人职业选择的终极关怀在于家族的延续，而企业的传承也服从于这个目标，而非如日本商人那样以事业为主轴。

一、传承者的传承观念与传承意愿

　　许多民营企业正面临由"创一代"向"企二代"交棒的关键时期。从传给谁来看，有的是子承父业，有的是职业经理人接班；从传承过程来看，有的是平稳过渡，有的则是腥风血雨夺权。一般而言，我国一半左右的"创一代"企业家倾向于"子承父业"。然而，不少家族企业的潜在继承者有限，在"创二代"不愿接管家族企业或胜任力不足时，"创一代"可能会转变观念选择职业经理人，使家族企业得以持续治理。传承者的观念意识会影响传承意愿。

　　创一代艰难打拼，自然希望后来者能立足基础再续辉煌。故而一些传承者坚决实施"子承父业"模式。曹德旺打算把公司企业的领导权交给儿子曹晖接棒，曾遭到公司诸多高管的抗议，原因是曹晖在福耀的根基不深。但曹德旺怒怼公司高管说道："论技术、管理、营销，曹晖可能会逊色你们很多，但曹晖是我的儿子，曹晖手里，有决定福耀未来走向的投票权。"在2018年曹晖接受父亲的交棒任务。随着公司领导权的交接，曹德旺卸下包袱把自己的大部分时间都安排在了慈善事业方面[1]。

创始人有意将家族企业传承至下一代继承者，但面临继承者能力或意愿不足，找不到合适的二代接任时，传承者也会考虑引入职业经理人。"龙生九子各不同，方洪波亦不常有。"早在2012年，美的集团创始人何享健便正式宣布卸任美的集团董事长，把企业交给了以方洪波为首的一批职业经理人。目前，何享健控股美的集团34%，通过企业架构的调整，牢牢把控美的集团的实际控制权，但将具体管理事务放手交给了职业经理人，同时给足了人才激励措施[2]。美的实现了职业经理人接班。家族企业若要引入职业经理人，必然要考虑如何平稳转型为现代企业，企业制度也要进行一定的变革，这成为家族企业引入职业经理人时面临的一大问题，此外，如何平衡家族与职业经理人的经营观念差异也是需要考虑的一大问题。

二、传承者的信任与传承意愿

我国江浙一带有很多企二代，他们在继承家族企业的过程中，往往会碰上各种阻力。最突出的就是在位的父母不信任子女能力，子女嫌父辈跟不上时代，二代们在企业里好像不那么重要。

[1] 李云琦.儿子终于答应接班！72岁曹德旺着手为曹晖"清障"[N].新京报，2018-06-27.

[2] 张业军，龙飞.美的：把"家业"托付给"外人"[N].中国经营报，2012-10-20.

　　传承者需要对继承者有充分的信任，并创造良好的接班环境，接班时给予自行管理决策权有利于继承者企业家才能的发挥。根据中国的传统，家族事业传男不传女。这在刘永好家族却是一个例外，刘永好将新希望六和集团交给了女儿刘畅。刘畅在新希望的经营理念得到父亲的认可，新希望六和集团发展十分稳健[1]。反观另一个例子，曾经双汇"父子内斗"成为社会公众关注的焦点。双汇创始人、万洲国际主席万隆对其长子万洪建不完全信任，上演了一出"亲父子反目成仇，废太子倒戈一击"的戏码，不仅成为商界重磅话题，也成为社会上的一时谈资。父子矛盾彻底激化，导致当时万洲国际股票一泻千里，同时双汇发展也深受影响。对于双汇这样的大企业，面对风云变幻时虽然能够稳固屹立，但在传承问题上栽了不小的跟头[2]。

　　综上所述，传承者对继承者的信任会影响传承意愿，但信任的建立是一个缓慢的过程。在这个过程中不仅需要传承者的被动观察，更需要传承者主动创造环境建立良好的亲子关系。事业传承时，传承者对继承者的信任有利于继承者充分发挥企业家才能。

[1]　徐兵.刘畅：接班10年一直走在希望的田坎上［N］.财经先生，2023-04-20.

[2]　涂端玉，张文卓.双汇董事长万隆被长子实名举报　猪肉巨头市值一天蒸发超百亿元［N］.广州日报，2021-08-19.

第二节　传承规划

家族企业传承的核心是对继承者的选择与培养，涉及继承者的遴选、继承者的培养、继承风险预案等规划。

一、传承原则

家族企业是家族的财富载体，也是家族事业的载体，事业传承是创一代向下一代传递家族财富和事业的主要方式。家族企业传承应该遵循四个原则。一是系统性原则。家族企业传承是一个全面、系统的工程，传承涉及家族系统和企业系统的同步传承，必须用系统思维和长期观点来看待。简单地把家族企业事业传承看作股权和职位的变更是极其危险的。二是沟通原则。传承过程中的沟通，如讨论、协商和决策是决定家族企业事业传承能否成功进行的关键。家族愿景和价值观又是进行家族企业传承沟通的关键。培养并建立家族成员的使命感是实现有效传承沟通的基础。三是计划原则。家族企业事业传承需要提前进行规划和布局。一般而言，家族企业在事业传承时面临的挑战具有共性，可以通过学习和借鉴进行提前设计。在创一代时期，企业家的个人魅力和领导力对于家族企业影响巨大。此时，企业家既是家族企业的创始人和领导人，也是控股家族的家长。企业和家族的权力与权威集中于一人。随着家族第二代进入企业，家庭和企业的结构都会复杂化，为了应对未来可能的挑战，家族企业必须学会适应集体领导和民主决策。家族企业需要用中医"治未病"的思想，未雨绸缪，事先做出有效的规划，让家族成员遇事有商有量，有理可据。四是流程化原则。家族企业的事业传承需要流程化管理。为了事业传承能够顺利实施，家族沟通与家族规则都需要通过流程化管理加以贯彻。家族在制定传承规划的基础上，应确立传承阶段的大致时间表，避免走回头路或顾此失彼。传承规划的流程化管理可以邀请外部的家族顾问和专家加以指导。

二、传承阶段

国内外的学者都认为有条不紊地分阶段实施传承规划是非常重要的。兰德尔·S.卡洛克和约翰·L.沃德就开发出了家族企业"平行计划流程"（Parellel Planning Process，PPP），把家族和企业内部个人的、经济的及战略的首要考虑汇集起来，形成家族企业的计划战略。平行计划流程对于家族企业传承有特别重要的启发意义。传承规划的第一阶段是准备期，这个阶段以一代为主。准备期需要分析家族企业现状，画出家谱图，梳理家族愿景和价值观，了解二代成员的传承意愿和能力，明确传承可能遇到的挑战。准备期应该完成家族企业传承规划，梳理备选的接班人团队和进入方式，建立可以操作的家族内部会议制度，明确传承的大致时刻表。创始人创办企业和发展本身就是为了以后的传承。企业在完成了草创阶段以后，很多企业家就开始认真思考如何建立企业发展的长效机制和企业文化。创始人的子女养育和培养也是准备期的重要内容。因此，准备期向前延伸得越长，传承安排就会更加从容，传承成功的概率也就会更大。

传承规划的第二个阶段是两代交接的阶段，这个阶段需要两代互动。接班人团队的培养已经到了他们进入企业或创业的阶段，家族开始和企业高管开诚布公地讨论传承方案，希望得到高管的支持，避免分歧。根据两代人互动的情况适当调整传承的时刻表。探索家族和企业适当分离的办法。家族议事规则已经确立，适当修剪家族树，减少家族成员在企业经营中的参与比例，积极引进职业经理人。值得提醒的是，中国家族企业的第二代经常会用创业的方式来传承，这种中国式传承的特点值得关注，但是两代人一定要处理好传承与创业之间的关系。

传承规划的第三个阶段是二代全面掌控阶段，这个阶段以二代为主。掌控期的时间长短要看二代企业家的成长情况。一代主要承担二代企业经营的顾问，但是一代在家族治理中依然扮演重要角色。在二代在未来家族企业的角色慢慢明朗的情况下，家族开始设计股权结构调整和财富管理方案。成员人数较多的家族需要设立家族委员会和家族宪法。当然，对于成员人数多、关系多样化的家族，有关家族治理的很多工作需要提前进行。

三、传承模式规划

一般而言，家族企业的代际传承有两种模式，一种模式是家族内传承。比如爱马仕就是由家族成员直接管理企业，目前第六代家族成员担任 CEO，第七代家族成员也在企业里工作[1]。另外一种模式则是走现代企业制度化道路，在企业继承上采取组织式继承，引入家族外的职业经理人担任 CEO，比如美的集团就是此类模式的样板。不过，

[1] 王德民. 对话清华大学高皓：公益让企业家奋斗更具长远意义 家族企业该如何传承 [J]. 致知 100 人，2022（156）.

杨国强选择的传承模式更像是前面两种模式的结合。他早早地定下二女儿杨惠妍接班，但也深知职业经理人的重要性，最终采用"家族成员＋职业经理人"混合管理的接班模式，家族把握大体方向，具体战略落地和业务推进则由职业经理人负责。从家族化来看，碧桂园的家族发展经历了四个阶段。第一个阶段是准备阶段，创始人杨国强在考察后选择要培养的候选人二女儿杨惠妍，送她到美国攻读市场与物流专业，加大对继任候选人的培养。第二个阶段是适应阶段，杨惠妍从美国留学归来后进入碧桂园任职，2007 年碧桂园上市前，代表家族持股，成为碧桂园最大的股东。第三个阶段是融合阶段，杨国强带领杨惠妍管理碧桂园，也聘请职业经理人协助企业管理，确保杨惠妍能够充分适应自己执行董事的角色。第四个阶段是正式传承阶段，在这个阶段，杨国强退居幕后，以特殊身份协调管理者和继承者的关系。从职业化来看，碧桂园是在企业发展到了成熟期之后加大职业化进程的。第一步就是将碧桂园上市，稀释家族成员股权；第二步就是引入职业经理人，与家族成员各司其职，共同参与企业决策。2010 年以来，杨国强先后签下了莫斌等一干职业经理人。2014 年碧桂园组建的"三斌战队"——莫斌、朱荣斌以及吴建斌，是带领碧桂园高速发展的领航员。碧桂园的传承模式，在保证家族传承的基础上，也最大化地发挥出职业经理人的专业能力。

身为碧桂园创始人、实际掌舵者，杨国强在年富力强之时，就早早地确定了接班人，安排家族企业的传承大计。早在 2005 年，年仅 24 岁的二女儿杨惠妍便加入了碧桂园集团，任职采购部经理；也就是这一年，杨国强将碧桂园股权悉数转让给杨惠妍。2007 年在碧桂园上市招股书中公开家族传承计划，称"将股权转让给女儿杨惠妍，是希望训练她成为碧桂园继承者"。2012 年，杨惠妍被委任为碧桂园董事局副主席，负责参与制定碧桂园集团的发展策略；2018 年，杨惠妍调任为联席主席，与杨国强共同管理碧桂园日常工作并负责战略规划，彼时她的继承者角色已然明朗。在培养二女儿做接班人的同时，杨国强也在不断引入优秀的职业经理人，不断提高董事会中职业经理人的分量，并向他们分权，逐步把碧桂园打造成为一家家族控股的现代企业。杨国强辞任董事局主席后，碧桂园的执行董事调整为 6 席，其中职业经理人占据 4 席，家族代表则是杨国强的两个女儿——杨惠妍和杨子莹。这个阵容表明当前碧桂园的管理依然是以家族＋职业经理人的模式，家族把握大体方向，具体战略落地和业务推进则由职业经理人负责。[1]

---

[1]　冯盛雍，邹渝.碧桂园杨氏家族发家史及商业版图：31 年完成新老交棒，杨惠研实控近 600 家企业［EB/OL］.（2023-08-12）. https://www.cqcb.com/feidian/2023-08-12/5343576.html.

第三节   传承内容

越来越多的企业家开始重视对下一代的教育和培养。企业家们正逐渐意识到，在这个急剧竞争的时代，比财富代际传承规划更重要的是事业传承规划。只有不断增加家族的智力资本和人力资本，才能真正完成传富、守富和家族事业的传承。哈佛、耶鲁等美国顶级名校中汇集了全球很多家族背景显赫的企业家后代在此求学，名校并不会因为他们的背景而降低对他们的培养要求。同时这些企业家后代也比较积极主动，更加敢于追求和挑战卓越和困难的事情。这些企业家后代往往在幼小时期就开始接受包括金钱价值观、领导力、高效行为习惯、公共演讲辩论在内的定制化的精英化素质能力培养教育。

一、传承意识与判断标准

据《2019 年普华永道全球家族企业调研》，在全球的家族企业中，只有 30% 的家族企业能传承至第二代，12% 的企业能延续到第三代，仅有 3% 的公司能发展到四代或四代以上。即便能传承四代以上，这些企业的价值观也多半在最高领导者更替的过程中被严重稀释。家族企业继承者选拔的通常做法是，由传承者决定继承者，然后经由监督管理委员会正式任命，随后将继承者介绍给公司的其他人知晓。在考虑继承者人选时，多数公司都有一个清晰的层级顺序：先家族成员，后内部人才，最后才会从其他公司的高管中寻找。子能否承父业，主要看四条：第一，看能力。一般来说，企业继承者的培养路线总是让企二代去国外接受专业教育，如金融、管理专业教育。然后，回国再被安排读商学院以接地气。此后，在家族企业中从基层做起逐渐被提升到权力层，完成必要过渡。这种被动安排诚然会提升继承者的能力，但一个最大的问题是缺少"独立"性，尤其是缺少对商业经营的独立感悟和思考。长江集团李嘉诚，让子女自立门户，然后再酌情选定继承者，不仅锻炼了继承者的独立性，还避免权力争夺影响家族关系[1]。第二，重制度。在家族企业内，创始人能在企业内部一言九鼎。但传承后，就不能苛求继承者拥有和传承者同样的商业头脑和决断。传承者若想为继承者顺利继任扫清道路，应尽早启动"去传承者化"的制度方案。第三，会用人。从管理角度看，每个继承者上台都需要构建自己的一套官僚体系来实施政见。继承者不但会积极吸纳新的人才进入企业，更会倚重家族企业内部老员工，对于那些濒临退休的老员工也会给他们找到继续为公司服务的出口。人才愿意跟随继承者，看的不仅是继承者如何对待他们，也会参考继承者如何对待昔日的老员工。第四，修人品。一个高明的领导者最终收放自如的不是权力，而是影响力，而这种影响力的获取则直接受制于权力者的"人品"对组织成员的示范和感召。

二、无形资产与培养方式

欧美大型家族企业之所以能基业长青，一个重要因素是很重视

---

[1] 李伟.家族企业传承与风险——李嘉诚财富分配逻辑 [J].三联生活周刊，2012（23）：27.

培养家族后代的传承意识，让他们从小就意识到肩负的重任，意识到要让家族产业发扬光大。如何让子女或孙辈成功继承家族企业，一直是企一代面临的较大挑战。一家企业至少要提前 10 年开始布局传承计划，才能度过更多的企业生命周期。有些家族企业的传承者急于求成，在子女大学毕业后，直接将家族企业内的重要岗位交给他们担任。但由于子女的人生阅历和业务处理经验都不足，这种情况下家族企业经营反而会遭遇错误决策与财务损失，最终影响子女继承家族企业的信心。

家族企业的事业传承，除了物质财富传承还包括精神传承。一个成功的家族必然拥有独特的家族精神内核、家族使命和家族人脉。这些无形资产的传承都不是简单地通过家族宪章进行文字记载可以真正实现的，而是需要一套家族传承教育规划承载并最终落实执行。家族成员作为家族的重要资产，从小开始的家族教育是必不可少的，不仅可以避免家族成员被财富的负能量所伤，同时还可以通过家族教育助推家族文化的延续，这也是为什么成功传承的家族都非常重视家族教育。比如洛克菲勒家族祖传的教育计划使得洛克菲勒家族绵延六代，李嘉诚家族每年通过家族旅游的形式提升家族后代的凝聚力。家族教育的内容和形式是复杂多样的，不仅能够培养继承者的健全人格和家族价值观，还能有针对性地在继承者不同年龄、不同身份阶段开展不同的教育方式。塑造继承者价值观、理念和能力所带来的回报比任何有形财富传承都重要。

家族企业应采取循序渐进的方式，先让继承者从非核心家族业务"入手"，根据其能力提升与阅历增加，针对性地提拔其参与到更多家族企业生意，最终为继承家族企业做好铺垫。此外，还有另外三点培养方式：一是从小给继承者灌输家族企业传承意识，不能等到继承者青睐 AI、加密数字资产等非传统创业模式后，再着手交班；二是要给继承者足够多的成长空间与磨炼机会，等到继承者的能力能胜任家族企业的经营管理后，再委以重任，从而避免"拔苗助长"的悲剧；三是给予继承者足够的才华发挥空间并创造良好的传承环境，尤其是在引入的现代化企业管理制度与家族企业传统管理模式发生矛盾时，传承者需妥善处理这些矛盾。

三、传承步骤与顺利交接

高净值家族的新生代们往往有着良好的教育背景，良好的教育使其更加具有国际视野，能为家族企业带来前所未有的机会。在全球经济飞速发展的环境中，传承者应尽早将对继承者的创业知识和创业能力培育纳入传承规划当中。具体来讲，可以安排为以下几个步骤。第一，在继承者的孩童时期到职业生涯初期这一阶段，应当对其进行创业的启蒙教育。创一代们可以选择让继承者实地接触家族事业，让其参与到家族企业的创业项目当中，在这个过程中加深他们对创业的认知。此外，受过高等教育的继承者可以到国外参与家族企业前沿的实习项目，为家族企业带来新的发展思路，提升继承者对家族事业的使命感。第二，在继承者进入实践创业的阶段，创一代们应当给予其必要的启动资金和人力支持，同时在创业项目做决策的时候也应当给予其充分的自主权。一方面是对二代独立能力的培养，同时也能为家族企业发现新的发展机会；另一方面也是树立二代权威的过程，以显示其有足够能力接管整个家族企业，从而为全面接班做好充分准备。如果在创业期间，代际之间能够形成共识，那么两代人一拍即合，将在家族产业开发上取得更好的效果，同时两代人之间的沟通也能更加高效无障碍。第三，在继承者对家族企业的全面继承阶段，实际上也是继承者的"自我实现阶段"。在这个阶段，如果传承者愿意放手让继承者寻求新的发展机会，也愿意为此承担一定的风险，继承者则会更为熟练地运用在家族创业培育过程中形成的行动能力、决策能力和顾全大局能力。这种互相信任的氛围促使家族事业最终顺利完成交接。

如果潜在继承者毫无接班意愿，传承者将家族企业强塞给他们显然不是一个好的解决办法，在这种情况之下，传承者选择放手，让潜在继承者根据自己的能力去从事自己感兴趣的事业，并尽可能地促使子女事业与家族事业的靠近是一个比较好的解决办法。美的集团传承的"曲线救国"模式至今仍具话题性。2012年8月25日，美的集团对外宣布：职业经理人方洪波成为美的新一任的董事长，何享健担任美的控股有限公司董事长，美的"少东家"何剑锋并未担任一官半职，而是仅以董事的身份出现。正如外界所看到的那样，何享健的儿子何剑锋继承家业的意愿并不强烈，而是热衷于资本市场运作，对金融和投资非常感兴趣。在集团外，何剑锋开启了属于自己的"盈峰"系，并在投资领域中取得了不俗的成绩。但是这并不是说何剑锋的事业与美的没有任何关系，事实上何享健并未放弃对儿子的支持和培养，何剑锋多次投资的成功经历都离不开美的的身影。何剑锋控股的企业关联美的旗下多个公司，且在人员布置上与美的也有着千丝万缕的联系。从某种程度上来说，何剑锋的事业也算是美的在投资领域的版图扩张，也属于美的家族事业的一部分，真可谓集团之外的一个"隐形美的"。与其说何享健放弃了让儿子接班的想法，不如说其采用了一种在集团外培养儿子的方式，通过这种途径磨炼和支持何剑锋，也不完全排除日后何剑锋会回到家族，接手家族企业的可能[1]。

---

[1]　程良越.控制美的的何氏逻辑［J］.经理人，2020（10）：58-60.

第四节　实证研究——家族企业卷入
对继承者继任绩效的影响研究

一、研究目的

　　家族企业是最古老也是最常见的经济组织模式。自从我国改革开放之后，国内的大多数家族企业在提升就业质量、承担社会责任等方面，为国家促进全面小康、共同富裕等作出了卓越贡献。家族企业对经济发展具有基础性作用，是国家 GDP 增长的重要贡献者。对于我国民营经济中的家族企业来说，近年来家族企业逐渐进入代际传承的高峰期，然而现实中存在大量优质的家族企业因为无法顺利传承而衰落。事业传承的顺利进行是家族企业建立现代企业制度、弘扬企业家精神、实现可持续发展的关键。在新发展格局下，我国家族企业如何顺利完成代际传承，打破"富不过三代"的魔咒，实现可持续发展，已成为理论界和实务界共同关注的话题。

　　中国社会历来重视血缘与亲情。因此，子承父业的传承模式在中国家族企业中有着较高的接受度和实践度。窦军生等（2008）从组织层面进行了研究，研究了家族企业的传承计划的重要影响。国外许多学者很早就从组织层面研究了传承计划对家族传承的正面影响（Sharma et al., 1997）以及传承规划缺少对于家族企业传承的负面影响（Bardy, 1982）。总之，大多数学者认同传承计划对于家族企业传承成功的重要影响作用。事实上，我国家族企业将传承视为身后事，缺乏系统的传承计划，与全球的家族企业相比，我国制订家族传承计划的比例仅为 21%，而全球为 49%，且从传承计划的质量看，我国家族企业的传承计划在完善、正式程度和沟通程度上都劣于全球，仅有 11%，传承计划的缺失使得我国家族企业的传承缺乏稳固的根基。

特别是，中国家族企业创始人往往缺乏继承者在幼年和青少年时期的培养，没有作出相应的家族企业传承的规划和设计，他们更愿意事无巨细、亲力亲为地工作到最后一刻，从而导致中国家族企业的传承问题显得任重道远。甚至许多中国家族企业创始人并不鼓励小孩从小接受做生意的熏陶，平时的沟通内容只局限于学业，在家族企业的发展使命、愿景和传承上没有任何沟通。结果往往是因为对家族企业的不了解而无法产生兴趣，导致下一代表现不佳。

因此，基于以上讨论，探索家族企业卷入（即随着家族企业主后代逐渐成长，家人可能会带他们去了解家族企业的经营情况、参加一些家族企业的商业活动）对继承者继任绩效的前因具有重要的现实意义。对继承者继任绩效的前因进行深化和细化理解能够更好地帮助家族企业传承者有意识地培养继承者，让家族企业能延续经商世家的佳话。

二、研究概况

该研究数据来源于对家族企业传承者和继承者的问卷调查。对来自四川、浙江等国内多个省份 300 多家家族企业发放了电子问卷，最终收取有效问卷 117 份，问卷有效回收率为 39%。样本特征如表 4-1 所示。

表 4-1 样本人口统计学特征

指标	类别	频数	百分比 %
性别	女	72	61.5
	男	42	38.5
年龄	25 岁及以下	4	3.4
	26—30 岁	24	20.5
	31—35 岁	65	55.6
	36—40 岁	15	12.8
	41—45 岁	5	4.4
	46 岁及以上	4	3.3
是否独生子女	是	75	64
	否	42	36
是否为高管	是	88	75
	否	28	25
是否接班	是	46	39
	否	71	61

资料来源：作者根据数据分析结果整理所得

为了提高数据的可靠性，减少同源偏差，采用了两阶段—双来源的数据收集方式。在第一阶段，由家族企业的继承者回答感知的家族企业卷入、情感承诺、代际权威和个人基本信息；传承者回答企业基本信息。在第二阶段，由继承者对继承者与家族企业价值观念的一致性进行评价，传承者对继任绩效进行评价。两个阶段之间相隔 1 个月。在数据收集结束后，匹配每个企业继承者和传承者数据。

三、研究结论与启示

本研究基于多项式回归的实证研究方法，得出如下结论。

第一，家族企业卷入对继承者继承表现具有正向影响，继承者的情感承诺在家族企业卷入与继承者继任绩效之间起中介作用。

第二，继承者与家族价值观一致性在家族企业卷入与继承者对家族企业的情感承诺之间起调节作用；继承者与家族价值观越一致，家族企业卷入对继承者的情感承诺的正向影响越强，反之越弱。

第三，代际权威在家族企业卷入与继承者对家族企业的情感承诺之间起调节作用；代际权威越高，家族企业卷入对继承者的情感承诺的负向影响越强，反之越弱。

上述研究成果对家族企业的管理实践主要有以下几个方面的实践启示。首先，对继承者的培养要始于其孩提时代。继承者培养和权力传递作为一个系统工程，从继承者小时候就应开始。传承者可以将继承者带到企业，非正式地将业务展现给他们，不要为完成某些特定的任务而施加压力，而要培养他们对业务的兴趣并且鼓励他们感知这种生活方式。许多家族新一代领导人的成功经验告诉我们，他们能够继承企业是因为一直伴随企业共同成长。企业很早就展现在他们面前，他们看到父母为了发展企业而勤奋工作，作为家族成员也想做出自己的贡献。重要的是，传承者需要通过积极的方式来讨论家族企业业务，在年轻的继承者面前最少地披露出企业的内部冲突。冲突可能会在年轻继承者的脑海中留下对企业的负面印象，并敬而远之。

其次，在对继承者的培养过程中，将家族企业的价值观融入继承者的成长过程中，让继承人和组织价值观匹配，帮助继承者更好地认知和理解家族企业并愿意持续治理家族企业。基于此，家族企业在制订继任计划和选择潜在继承者之前，将继承者的价值观以及传承者与继承者的价值观的匹配纳入考虑是非常重要的。更周全的考虑能够为公司节省大量成本，而花费大量资金培养不合适的具有低水平继承意愿的新生代则会造成资源的浪费。

最后，在对继承者的培养过程中，传承者应该尽量多与继承者分享在家族企业中获得的心理满足感，分享从创业中所获得的乐趣和自我价值实现等。当继承者看到传承者在家族企业中的收获时，其继承家族企业的信心和意愿会增强。传承者还可以鼓励继承者进入家族企业进行实习，并多鼓励、多提供帮助，不断树立继承者的信心。

本章主要参考文献

［1］窦军生，贾生华. 家族企业代际传承研究的起源、演进与展望［J］. 外国经济与管理，2008（1）：59-65.

［2］Sharma P, Chrisman J J, Chua J H. Strategic management of the family business: Past research and future challenges [J]. Family business review, 1997, 10 (1):1-35.

chapter five

第五章

继承者与家族
企业事业传承

家族企业的传承是一项关乎家族企业永续发展的重要任务。作为家族企业未来的领导者，继承者承载着前人的努力和期望，肩负着将企业事业传承下去的责任。然而，继承者需要面对自身的继承意愿、规划以及继承内容等诸多挑战。本章将深入探讨继承者与家族企业事业传承的关键议题，为读者呈现一条精彩纷呈的继承之路。

第一节　继承意愿

家族企业在中国经济发展中扮演着至关重要的角色。它们不仅是经济增长的重要推动力，也是传承家族价值观和文化的重要载体。然而，家族企业的传承并非易事，正如家族企业传承领域知名学者Handler（1990）所说，家族企业传承本质上就是传接双方的合作博弈，只有双方精诚团结、共同努力，才能看到一丝成功的曙光。而继承者具有强烈、坚定的继承意愿，则是家族企业成功传承的重要前提条件。具体而言，继承意愿体现了继承者对家族企业的认同、责任感和愿望，决定着其是否愿意继续经营并发展企业。一个积极的继承意愿可以促使继承者投入更多的时间、精力和资源，继续家族企业的发展；而消极的继承意愿则可能导致继承者不重视企业经营，或者选择退出，影响家族企业的传承和发展。基于此，如何更好地培养继承者的继承意愿，成为家族企业成功传承的重中之重。本节将从家族企业文化与价值观、继承者的家族企业涉入、继承者的兴趣与职业规划、继承者的社会情感财富角度出发，对该问题进行探索与回答。

一、家族企业文化与价值观

家族企业文化与价值观指家族企业成员共同遵循的信念、道德准则和行为规范（Lee et al.，2019）。它是家族企业文化的基石，对于家族企业的长期稳定和成功至关重要。本节将深入探讨家族企业价值观的形成，以及其对继承者继承意愿的影响。

家族企业文化与价值观的形成是一个渐进的过程。它通常起源于家族创始人的理念和信念。创始人往往是对家族企业充满热情、有远见和决心的人，他们对企业有着使命感，并以此为动力去创业、奋斗。在企业发展的过程中，创始人会不断传递自己的价值观给家族成员和员工，包括诚信、奉献、团结、创新等。随着时间的推移，这些价值观会逐渐融入家族企业的文化中，并成为家族成员共同认同的核心价值。在家族企业事业传承过程中，继承者作为家族下一代及企业未来领导者，其在成长过程中往往会受到家族企业的影响，接受家族的教育和熏陶，逐渐融入家族的文化和价值观。继承者对于企业价值观的认同至关重要，这极大程度上决定了其继承意愿的培养和形成。继承者需要明白家族企业的存续不仅仅是为了盈利，更是承载着家族成员的希望与精神寄托，是为了更好地回馈信任家族企业的利益相关者。对于家族企业价值观的认同能够激励继承者投身于企业，不辜负家族的期望和社会的期待。

然而，对于继承者来说，平衡个人理念和家族企业文化与价值观并不是一件容易的事情。在成长过程中，继承者可能接触到不同的文化、观念和价值体系，有时候可能会出现与家族企业的价值观产生冲突的情况。这时候，继承者需要进行深入思考和沟通。首先，继承者需要了解自己的个人理念和价值观是如何形成的，以及它们与家族企业价值观的相似和差异。理解自己的价值观来源有助于更好地与家族企业价值观对话和协调。其次，继承者应该积极参与家族企业的决策和管理过程。通过参与，继承者可以更好地理解家族企业价值观的实践和应用。同时，也可以通过自己的贡献逐渐影响和塑造企业的发展方向，使其更符合自己的理念。再次，家族企业的长辈也要理解和尊重继承者的个人理念和独特观点。开放的沟通和包容的态度有助于化解代际间的矛盾，共同推动家族企业的可持续发展。最后，继承者还可以寻求外部的培训和指导。通过学习和了解其他企业家的成功经验，继承者可以汲取宝贵的经验教训，找到自己的发展路径。

综上所述，家族企业文化与价值观的形成和传承是家族企业长盛不衰的关键所在。继承者要对家族企业的历史和传统有深入了解，并将其融入自己的心中。同时，要有使命感，认同企业的价值和意义，并努力平衡个人理念与家族企业价值观的关系。通过积极参与、沟通和学习，继承者可以成为家族企业的新生力量，引领企业不断发展壮大。正如九牧厨卫股份有限公司的林四南认为自己在九牧集团内所起的重要作用是承上启下、承前启后——能够理解上一辈人在创业时代的想法，也能结合自己的能力和新的思维方式推动公司转型和发展，要做到"传承价值，价值创新"[1]。

二、继承者的家族企业涉入

家族企业是"家族"与"企业"相结合的主体，其最大特征是家族成员涉入公司治理（Chrisman et al., 2012）。而继承者的家族

---

[1]　中国民营经济研究会家族企业委员会.中国家族企业年轻一代状况报告 [M].北京：中信出版集团，2017.

企业涉入则是指其在进入家族企业工作期间，对企业进行接触和经历的情况（Gimenez-Jimenez et al., 2021）。事实上，家族企业涉入对于培养继承者的继承意愿具有至关重要的影响。当继承者在进入家族企业工作之前就开始接触和经历企业的时候，他们会对企业产生更深刻的了解和认同感。这种早期涉入使得继承者对家族企业的历史、文化和核心价值观有了更全面的认知。他们会深刻体会到家族企业不仅仅是一个普通的企业，更是家族的传承和代表，蕴含着家族成员共同努力的希望和精神寄托。这样的认知会激发继承者对企业的责任感和使命感，让他们愿意承担家族企业的重任，为家族的未来和发展尽心尽力。

同时，家族企业的涉入为继承者提供了宝贵的成长和锻炼机会。在家族企业工作期间，继承者可以学习家族企业的经验，这样的成长经历让继承者在继承企业时更有信心和能力，知道如何应对各种挑战和困难，为企业的可持续发展做出贡献。与此同时，家族企业涉入也可能带来一些挑战和考验。继承者在家族企业中的角色和地位可能受到其他家族成员的关注和评判，他们可能面临更高的期望和压力。有时候，继承者可能感到自己的能力和价值受到怀疑，甚至产生对未来的担忧和不安。在这种情况下，家族企业需要给予继承者更多的支持和理解，让他们感到家族企业是一个温暖的大家庭，可以坦诚表达自己的想法和感受。

为了增强继承者的继承意愿，家族企业可以通过增加继承者早期涉入的方式——即在继承者成长过程中不断接触企业相关事物，使得继承者更好地认识和理解家族企业。这一过程中可以培养继承者的责任感，并让他们亲身体验家族企业的运营和管理模式。通过让继承者参与企业的日常工作和决策，让他们感受到企业的重要性和复杂性。同时，家族企业也可以为继承者提供实习和工作轮岗的机会，让他们在不同的岗位上获得全方位的经验和体验。通过给予继承者充分的发展机会和空间，使其获得家族企业从上至下的一致认可和尊重，从而使继承者更加深刻地认识到家族企业的使命和价值，增强他们对企业的责任感。

综上所述，家族企业可以增加继承者家族企业涉入的方式，在继承者的成长过程中增强其与家族企业的情感联结，激发其对企业的责任感和使命感，从而进一步提升继承者的继承意愿，为家族企业的繁荣发展贡献力量。

三、继承者的兴趣与职业规划

俗话说，兴趣是最好的老师。因此，不难理解继承者个人的兴趣对家族企业继承意愿的深远影响。当继承者对家族企业行业和经营的领域充满好奇和热爱时，他们倾向于投入更多的心血和努力来发展企业，并投入时间和精力去深入了解行业发展趋势和创新技术。这种内在的驱动力让他们愿意全身心地投入，不仅因为家族企业是家族的传承，更因为他们真心喜欢并认同企业的事业。

为了培养继承者对家族企业的兴趣，首先，要让他们对企业所从事的行业感到好奇和热爱。家族企业可以给继承者提供更多了解行业的机会，例如参观企业的运营现场、参与行业交流活动，甚至可以让他们暂时去其他公司实习，亲身体验行业的工作和挑战。其次，家族企业应该激发继承者对企业发展的兴趣。可以通过讲述企业的发展历程和成功故事，让继承者了解家族企业的使命和成就。还可以鼓励他们提出自己的创新想法和发展方向，让他们参与企业的决策过程，感受自己的意见和贡献对企业的重要性。

此外，继承者的职业规划也是影响继承意愿的重要因素。具体而言，职业规划是指继承者对未来在家族企业中的角色和发展目标有明确的计划（Gilding et al., 2015）。当继承者拥有清晰的职业规划，并将发展家族事业作为自己的个人追求时，他们会更好地意识到自己在家族企业中的定位和责任，这带来了一种自信和使命。此时，继承者会更有决心和动力去继承家族企业，这种追求和动机会让继承者更有动力去学习和成长，为继承家族企业做好准备，并为企业的未来发展贡献自己的智慧和才能。

为了让继承者建立以继承家族企业为导向的职业生涯规划，家族企业可以尝试为其提供明确的职业发展路径和机会。例如，为继承者制订专门的培训计划，让他们学习企业管理、市场营销等实用知识，为未来的领导岗位做好准备。同时，家族企业也应该鼓励继承者及时制定个人职业目标，明确自己在企业中的发展方向，为继承家族企业的领导权做好充分准备。此外，家族企业可以提供更多的实践机会和挑战，让继承者在工作中不断成长和积累经验。通过让他们承担更多责任和领导岗位，让他们学会解决问题和应对挑战，逐渐形成企业领导者的能力。

综上所述，继承者的兴趣和职业规划对于家族企业继承意愿有着重要的影响。通过激发继承者对企业的兴趣和热情，帮助他们制定明确的职业规划，家族企业可以增强继承者的继承意愿，让他们更愿意承担家族企业的责任，为企业的长远发展贡献自己的力量。同时，家族企业也应该为继承者提供学习和发展的支持，让他们在成长过程中不断提升自己的能力和素质，成为家族企业发展的中坚力量。

四、继承者的社会情感财富

社会情感财富指的是企业中能用于满足家族情感需求的非经济要

素，如身份认同、发挥家族影响力的能力、联结家族成员间的情感纽带以及家族企业责任与荣誉的延续（Gómez-Mejía et al.，2007）。以我国食品行业著名龙头企业贵阳南明老干妈风味食品有限责任公司（以下简称老干妈）为例，其创始人陶华碧家族内的多代成员均任职于老干妈，企业已经成为其家族的代名词与象征，老干妈的蓬勃发展成为维系家族影响力、联结家族情感的关键纽带，家族企业的长治久安和顺利传承也成了家族成员的首要目标。

不难发现，社会情感财富的多方面构成要素会对继承者的继承意愿产生重要影响。首先，以继承者身份认同而言，继承者若能够在家族企业中建立强烈的身份认同感，会帮助其激发对企业的归属感和责任心，进而增强继承意愿。其次，针对家族企业的社会影响力和声誉而言，继承者通常会意识到，接手家族企业不仅仅是管理一家企业，更要为家族的形象和声誉而努力奋斗。通过继承家族企业，继承者能够延续家族的使命和价值观，同时提升其在社会上的个人影响力，这对于志存高远、追求自我价值实现的继承者而言具有极高的吸引力。再次，社会情感财富强调家族成员之间的情感联系和凝聚力。家族企业的传承涉及家族成员之间的协作和合作，深厚的情感纽带可以增加家族成员之间的信任和默契。当继承者经历这种紧密的家族联系，更容易产生对家族企业的责任感和归属感，从而增加其继承意愿。最后，对于许多家族企业来说，继续家族事业是一种传承家族价值的方式。社会情感财富会使得继承者认识到自己承担着家族事业的延续重任。通过继承家族企业，继承者能够维持家族的长久存在，并为下一代创造更多机会和资源。

为有效提升继承者的继承意愿，家族企业可以通过强化社会情感财富的四个方面实现目标。第一，为帮助继承者建立身份认同感，家族企业可以从企业的核心价值观入手。具体而言，家族企业核心价值观作为家族文化的基石，在极大程度上反映了企业经营和决策过程中的底线与准则（Yeh and Yang，1997）。通过树立积极向上的核心价值观（如家族团结、诚信经营、回馈社会等），家族企业可以借此建立继承者对于家族企业的认同感和归属感，进而增强其继承意愿。第二，家族企业可以通过树立健康的家族文化，帮助继承者增强与家族成员之间的情感联系，为继承者提供一个温暖、和谐的工作环境，从而增加他们对继承家族企业的意愿。具体而言，家族企业可以通过树立企业文化，进而强调家族成员之间的信任、支持和合作。通过鼓励开放的沟通渠道，让家族成员能够坦诚地交流意见和想法，从而减少内部矛盾和冲突；通过强调家族成员对彼此的支持和帮助，形成一个相互依赖的大家庭。第三，家族企业通常有着深厚的社会影响力和贡献。这些贡献可以体现在企业的社会责任活动、慈善捐赠以及对社区的支持等方面。家族企业应该积极强调家族在社会上的地位和声誉，让继承者意识到继承家族企业不仅仅是延续一个企业，更是在维护家族企业百十年来所建立的企业荣誉。这种家族影响力的强调，能够激发继承者对企业的荣誉感和使命感，增强他们继承家族企业的意愿。

综上所述，家族企业应该充分利用社会情感财富，通过强化家族价值观、建立健康的家族文化、强调家族影响力等方式，增加继承者对企业的认同感、对家族成员的情感联系、对企业责任与荣誉延续的重视，从而提升他们继承家族企业的意愿。基于此，家族企业方能实现平稳的代际传承，保证企业的永续发展和长治久安。

第二节　继承规划

一、继承者接班能力：如何培养

　　家族企业继承者作为家族企业未来的领导者，承担着重要的责任和挑战，其在战略规划、管理才能、创新意识等多方面的个人能力，直接关乎家族企业的成功传承和可持续发展。如新希望集团有限公司创始人刘永好曾说道，新希望未来是否会交到女儿刘畅的手上，要看她的造化——不仅要有意愿，还要有能力才可以[1]。事实上，家族企业在传承过程中，需要继承者具备出色的能力以应对内外部挑战、保持企业经营连续性，从而保障家族企业的永续发展、经久不衰。基于此，家族企业如何对继承者因材施教，选择适合继承者能力培养的模式，并建立完善的能力培养体系，成为成功传承的重中之重。据统计，在 A 股上市后发生传承的家族企业中，有海外留学或工作经历的继承者（海外培养）占比约 41.5%，无海外留学或工作经历的继承者占比约 58.5%（朱晓文和吕长江，2019）。因此，本节将从家族企业传承过程中最为常见的海外培养和内部历练模式选择视角出发，对该问题进行探索与回答。

---

[1]　章遇.刘永好谈接班：传承不是传一个人，是一个体系［N］.时代周报，2020-10-27.

1. 海外培养

海外培养模式作为我国家族企业培养继承者的主流模式之一，其常发生于继承者出国留学或工作，回国后经短暂内部或外部锻炼后进入家族企业管理层。以我国香港鹰君集团为例，其实控人罗鹰石曾将儿子送往澳大利亚留学和实习，以帮助他们获取全球化视野和先进管理经验。诚然，海外培养模式可以赋予家族二代广阔的国际视界，具有海外背景的管理者更可能在企业推行先进的管理实践、改善公司治理水平，并识别有利的海外并购机会（Giannetti et al.，2015）。但不可否认的是，凡事皆有其两面性，海外培养模式可能带来继承者与创始人理念认同差异、推行变革"水土不服"等问题。正如刘永好所言，"年轻人跟我们那一代的生活背景不一样，学习情况也不一样，视野也不一样，我们不能够要求下一代跟我们当初一样那么艰苦，那么拼……但是他们接受现代的意识、国际的思维，是我们所不具备的[1]"。

继承者对家族企业的情感和认同是传承成功的关键（Sharma et al.，2003）。情感承诺基于对企业目标和价值文化的认同，促使继承者产生参与并留在家族企业中的愿望，希望通过努力去促进家族企业目标的实现。组织认同则是指继承者接受家族企业的远景、使命、目标并将其自身定义为家族企业一员的情感体验。在代际传承过程中，与其他技术层面的因素相比，继承者的情感承诺和组织认同更能促进家族企业竞争优势的保持，从而提高传承成功的可能性。只有对创业理念、对企业文化表示认同的继承者才能自觉地将家族企业的发展作为毕生的职业追求，才能更好地扮演企业"管家"和领导者的角色。

---

[1] 王静.任性！通达股份25岁董事长女儿拒绝接班［N］.每日商报，2019-11-07.

然而，海外培养的继承者虽然可能具备国际化视野，但在中国转轨经济的大背景下，在理解父辈创业理念、认同家族企业文化和价值观方面处于劣势（Barach and Ganitsky，1995）。换言之，继承者的海外经历可能使得其与代际传承的核心理念存在冲突。

因此，为减少继承者海外培养所存在的负面影响，家族企业可以有针对性地对继承者的学科背景与归国后的组织内历练时间进行设计。首先，针对学科背景而言，理工科背景出身的人与文科背景出身的人在知识结构、处理问题的方式、评价决策合理性、认知基础等方面存在差异。理工科思维的逻辑性更强，能够促使管理者高效可靠地做事，而文科思维发散性更强。由于创一代大多出生在 20 世纪 40—60 年代，"靠技术起家""掌握一技之长"而创业成为趋势，加上改革开放初期强调"科技兴国"，诞生了一批理工科背景出身的企业家。因此，与创一代具有相似学科背景即理工技术类专业出身的家族二代更可能认同一代创业理念和传承特殊资产，从而缓解海外培养"水土不服"的负面影响。

其次，针对组织内历练时间，无论是海外培养还是国内培养，二代在正式接管家族企业之前，都会在家族企业内部进行锻炼。考虑到海外培养模式下的继承者相对缺乏对于国内市场环境的了解，以及对于家族企业的情感承诺和组织认同，因此，在继承者正式接管家族企业前，应在家族企业内有较长的任职经历，从而深入了解家族企业。以新希望集团继承者刘畅为例，其 16 岁时就被送到美国读书，2002年才回到中国。尽管刘永好和新希望集团在中国政商两界大名鼎鼎，但是刘畅在回国后却不为人所熟知，因此在她走向台前之际，媒体惊呼"被父亲雪藏了十年"。然而，事实并非如此，回国之后，刘畅就先后在新希望乳业和新希望房地产公司任职，对外就叫"李天媚"。2002—2003 年，刘畅在四川新希望农业股份有限公司任办公室主任；

2003—2004 年，任新希望乳业控股有限公司办公室主任。2004 年开始担任四川南方希望有限公司董事、副总经理。2006 年，时年 26 岁的刘畅在上海负责新希望在张江建设的高档别墅办公区域——半岛科技园的业务。刘畅就这样低调地历练近十年，才终于在 2011 年集中曝光，正式走向台前[1]。

综上所述，家族企业在对继承者采用海外培养模式时，应审慎地看待其优劣势。西方的空气并不一定香甜，继承者的培养更需要能适应祖国的土壤环境。因此，家族企业应根据自身需要，对继承者留学时的学科背景选择及回国后于家族企业内的历练时间做出合理安排，从而扬长避短，为家族企业的成功传承打下坚实基础。

2. 国内培养

国内培养模式是指在企业内部对继承者进行培养，让能力优秀的继承者脱颖而出，其相较于海外培养，为继承者提供了提早进入家族企业的契机，帮助他们在长期管理实践中通过职位晋升建立信任，提高他们对创业精神和企业文化的认同（Cabrera-Suárez，2005）。具体而言，国内培养使家族二代更有可能提早进入家族企业并学习经营所需的核心知识和技能，在长期实践及父辈引导过程中逐步建立起与员工、客户、供应商、政府等利益相关者的社会关系。在这一过程中，国内培养的继承者会比海外培养的继承者更加熟悉中国国情，及早与家族企业接触的经历能够促使其意识到自己对家族企业的责任、明确自己的身份、产生加入并留在家族企业的情感愿望。通过职位晋升获取信任的过程也有利于继承者自身信誉和权威的建立。相应地，有得

---

[1] 吴洁.新希望女接班人刘畅：自称还没男友但不是剩女［N］.小康财智，2013-03-18.

必有失，长期于家族企业中任职也可能带来缺乏国际化前沿理念、思维视角局限、创新不足、管理模式守旧等问题。

因此，为最大化利用继承者国内培养经历所带来的优势，且最小化其负面影响，家族企业可以有针对性地利用外部培训、寻求导师指导等方式，进而帮助完善继承者的能力培养体系。首先，家族企业可以鼓励继承者参加外部的领导力培训、行业研讨会和学习交流活动。通过与同行的国内外优秀企业，乃至其他行业的专业人士进行交流和学习，继承者可以获取前沿知识和发展趋势，拓宽国际化视野，从而提高自己的战略思维、战术素养和领导才能。其次，家族企业可以寻找在行业或管理方面有丰富经验的导师，从中获取行业前沿的技术动态、创新管理模式，进而实现继承者的成长与发展。在此过程中，导师可以为继承者提供宝贵的建议和经验分享，帮助他们更好地应对外部挑战和问题。以本书作者之一、我国著名管理咨询公司——普智私董学院创始人刘百功博士为例，其曾为包括三一重工、新疆乡都酒业在内的多家企业提供管理咨询。在此过程中，刘百功博士利用自身管理智慧及丰富经验，为家族企业继承者量身制订管理培训计划，助力家族企业传承。

综上所述，尽管国内培养相较于海外培养模式在家族企业传承方面具有得天独厚的优势，但是其潜在的风险与劣势仍不可小觑。企业需要正视国内培养模式下的继承者思维僵化风险，通过督促继承者进行持续学习、家族企业管理模式的革新，从而实现家族企业的长盛不衰。

二、继承者的权威合法性：如何构建

在家族企业传承过程中，尽管年轻的一辈往往比父辈有更高的学历和国际视野，但由于其自身的权威合法性不足，时常面临着"少主难以服众""主少而国疑"的尴尬局面。试想，当家族企业的创始人已经打下了自己的"一片江山"，创下的业绩和荣誉成为继承者在短期内难以超越的比较期望参照点，在接班的过程中，二代如何克服自身合法性不足和组织内比较期望过高的不利影响，树立其权威合法性呢？基于此，着力构建继承者的权威合法性，增强其在继承过程中的个人威望及对企业的控制力，是家族企业成功传承需要重点关注的话题。现阶段，国内乃至国际范围内常见的构建继承者权威合法性方式分为外部创业和内部锻炼两种模式（李新春等，2015）。接下来，本节将针对两种模式分别进行介绍，并针对其优劣势进行分析，以帮助家族企业在传承过程中选择最适合其发展思路的继承方案。

1. 内部锻炼

继承者内部锻炼是指继承者作为家族企业新进入者，在面对合法性不足的情况下，从家族企业基层做起，逐渐熟悉企业业务、积攒经验、锻炼能力之后，最终进入企业管理层和决策层。该模式作为我国家族企业传承过程中最为常规的权威合法性构建途径，已有大量家族企业基于该模式顺利完成传承。以佳兆业集团为例，在创始人郭英成之子郭晓群结束学业后，其入职佳兆业集团深圳区域总部，开始在多个部门和专业集团的基层岗位之间轮换，在基层的执行力、高层的全局观、上市企业综合运营等方面得到了充分历练，积累了丰富的企业管理与经营经验，其业务能力触及佳兆业的各个核心板块和业务。在新老交替中，2020 年佳兆业最终完成了千亿规模目标[1]。此外，立白集团创始人陈凯旋的长子陈泽滨的发展路径也是如此。2010 年，陈泽

---

[1] 吴亚. 佳兆业"二代"接班：郭晓群左手科技、右手地产；郭晓亭入局传媒、掌舵物业［EB/OL］.（2021-07-02）. https://business.sohu.com/a/475130915_100001551.

滨进入立白集团工作。从品牌管理中心的基层做起，一步步成为立白品牌经理。2013 年起，陈泽滨由品牌管理岗转向接手立白集团电商部门。从那时起，他掌管的电商部门销售额每年保持翻倍增长之势。2019 年，陈泽滨正式接棒成为立白集团总裁。由他主导搭建的立白集团数字化管理体系，让全集团员工在疫情中实现了远程办公。

大量的内部锻炼成功案例让众多面临传承难题的家族企业看到了曙光，进而争相效仿该模式。但是，凡事皆有两面性，内部锻炼模式的固有属性仍有其难以克服的缺点，需要传承中的家族企业格外重视。首先，根据马克斯·韦伯（1997）的经典理论，权力是一个人把自己的意志强加到别人行为之上的一种强制力，而权威则是来自人们发自内心的自愿服从。因此，尽管家族企业继承者作为财产权利的合法继承者，具有合法的身份地位，但这不意味着其具有被组织认可的个人权威和能力权威。相反，继承者在家族企业中的职权晋升往往会被归因于其父辈荫荫，而失败与不足则会被无限放大并招致有心之人利用与攻击。其次，经受高等教育的年轻继承者往往比父辈有更高的学历和国际视野，但却缺乏相应的经验与实际应用能力。在此情况下，面对仍在企业中掌权的父辈，其有可能因为急功近利、急于证明自己的心态，而与父辈产生较大的经营理念冲突，更有甚者会严重影响其与创始人的人际关系。

因此，家族企业应设立公开透明的奖惩制度，对继承者的绩效表现进行全方位的综合考核。此外，采用一步一个阶梯的"无天花板、无保底"培养方案，让继承者一步步从中层乃至基层做起，而不是采用"揠苗助长"的方式直接任命继承人进入家族企业决策层。这一方案可以持续考察继承者勤勉的工作态度，增加其对于企业的全面认识，并在逐步晋升过程中通过自身的努力获取家族企业各层级管理者和员工的认可，进而树立个人权威。

综上所述，内部锻炼作为继承者树立个人权威、熟悉企业业务的常规手段，仍需要家族企业重视细节的把控，从而实现继承者在较长时间窗口期内的持续成长，直至最终跻身高层管理决策，实现家族企业的成功传承。

2. 外部创业

继承者外部创业是指继承者选择在家族企业的冲突或支持下"另创领地"进入其他行业或领域，而不是在父辈创业的传统领域继续经营（守业）（李新春等，2008）。在新的领域，继承者可以避开与创始人以及家族企业元老在价值观和经营理念上的冲突，并利用其自身的国际化视野、现代经营管理理念在新兴产业建立企业，进而在锻炼自身能力、构建身份权威合法性的过程中，为家族企业寻找新的经济增长点，实现产业创新。以美的集团创始人何享健之子何剑锋为例，尽管其贵为国内家电领域龙头企业少主，但其并未选择入职美的集团发展，而是自主创立盈峰集团，覆盖"环保、文化、金融、母婴、科技"等五大领域，其子公司盈峰环境于深交所上市，市值已超百亿元。此外，何剑锋于2018年4月正式进入美的集团董事会担任董事，已实质上具备接班美的集团的威望和能力[1]。

因此，继承者采用外部创业的方式构建自身权威合法性是一条有效的家族企业传承路径。然而，不可忽视的是，该模式存在着大量的风险与不确定性。首先，创业活动本就具备较高风险，若继承者在创业过程中遭遇较大的挫折，可能会因此而打击继承者的商业信心。其次，外部创业的方式本就是为继承者构建权威合法性营造有利条件，

---

[1]　杨让晨，张家振.耗资近百亿入主顾家家居　何享健之子何剑锋打出投资新算盘[N].中国经营报，2024-01-20.

若其创业活动遭受较为严重的失败，可能会因此导致家族企业利益相关者（如非核心家庭成员或职业经理人）对继承者的不信任，该结果将与继承者的外部创业初衷不符。

为预防上述风险与不确定性对于继承者外部创业模式的挑战，家族企业在这一过程中不能袖手旁观，而是需要在合适的时机以恰当的方式介入，以帮助继承者顺利成长。首先，家族企业应利用自身具备的优势资源，为继承者提供一些必要且非依赖性的帮助。具体而言，继承者在外部创业初期，缺乏足够的启动资金和商业信息。家族企业应谨记，外部创业的目的是更好地帮助继承者成长和树立威望，尽管其需要锻炼独当一面的能力，但也需要在合理范围内给予其帮助，而非冷眼旁观。以美国洛克菲勒家族为例，其每一位家族成员均能在成年后从家族基金会支取一笔价值不菲的创业启动金，从而帮助其更好地把握商业机会[1]。此外，家族企业需要建设完善的跟踪和评估机制。具体而言，可以聘请外部专家持续追踪创业企业的发展情况，并对其企业成长史和大事记做定期回顾。在此过程中，把握继承者的成长和收获，及时对培养计划进行调整和优化。最后，家族企业需要为继承者回归家族企业后的权力过渡提供支持，帮助他们将外部经验有效地运用到企业的实际经营中。

综上所述，外部创业作为继承者构建权威合法性的重要途径，需要其自身的不懈努力以及家族企业的关怀与支持，从而帮助继承者与家族企业共同进步、相互认可，进而实现家族企业的成功传承。

---

[1] 张映宇.如何看待家族基金会的利弊：从洛克菲勒家族基金会谈起［EB/OL］.（2017-08-17）. https://www.sohu.com/a/165305339_260616.

第三节　继承内容

第一章第二节中指出，如果想要实现家族企业的成功传承，在此过程中继承者到底需要继承什么是一个困扰家族企业的关键问题。许多企业家与相关研究学者对该问题的答案各执一词，种种答案不一而足。事实上，继承者需要继承家族企业领导权已经成为海内外学者和企业家们的共识，其中领导权又可以进一步细分为所有权和管理权。此外，Hugron 和 Boiteux（1998）突破了家族企业权力传承的研究视角，率先提出了管理诀窍与企业领导权有着同等重要的作用。在此基础上，许多国内学者逐渐意识到了管理诀窍内涵的重要性，并将其与具备相似性质的内容共同赋名为"隐性知识"。基于此，本节内容将从继承者继承领导权和企业家隐性知识的角度出发，探索家族企业如何更好地规划继承者继承上述内容，从而实现成功的事业传承。

一、领导权的继承

鉴于企业领导权分为所有权和管理权（详情见本书第一章第二节），其中所有权决定了继承者是否在法理上拥有对于家族企业的控制权，而管理权则决定了继承者是否具备插手家族企业经营管理的权限。事实上，领导权的继承呈现了"既简单又复杂"的对立性。称其简单，是因为构成企业领导权的核心来源（即所有权和管理权）均具备直观的衡量标准，而能够可视化、量化的资源仅在传递上并不困难。具体而言，继承者可以通过继承来自创始人的家族企业股份，从而在法理上成为家族企业的所有者，因而具备对于企业的最终控制权。此外，继承者可以通过接受创始人的委托任命，成为家族企业董事或高管，进而拥有对于企业的管理与决策权限。

然而，面对看似简单的领导权继承，继承者却仍需接受巨大的困难与挑战。具体而言，由于创始人对于自身权威的重视，以及其对于继承者能力的不信任，可能会选择长期持有家族企业的绝对控股权，并持续担任家族企业董事长或总经理，以保留其对家族企业的最终控制权和法理权威。在此背景下，继承者可能会长期面临无法真正意义上接管家族企业的窘境，尤其是当其对于企业的经营发展理念与创始人不一致时，可能会出于对忤逆创始人代价的担心，而在经营过程中变得畏首畏尾，久而久之失去核心判断能力和主观决断能力。此外，继承者之于家族企业，如同太子之于封建帝国，当其长期处于对自身境况的忧虑之下，会严重影响其身心健康。更有甚者，会因此影响其与父辈的家庭和睦。以我国著名家族企业双汇集团为例，双汇集团创始人万隆之子万洪建从基层熟食车间工人干起，直至 52 岁身兼副总裁、执行董事、董事会副主席三职，身居核心决策层职位，这被外界视作"继承者"的信号。然而，2021 年 6 月 17 日，万洪建因"攻击公司财物"而被万洲国际董事会（可视作双汇集团母公司）免去包括执行董事及副总裁职务等在内的所有公司职务。这一变故及其后续发展对双汇集团带来了较大的负面影响，双汇发展（即双汇集团下属上市子公司）股票应声下跌，市值因此蒸发数十亿元。这一事件错综复杂，但究其原因，根源还是万隆、万洪建父子对于双汇集团的权力纷争，长期未能正式接管家族企业的继承者与创始人之间的博弈，造成了这一轰动一时的新闻[1]。

因此，为预防继承者继承领导权的过程中所出现的意外与风险，家族企业需要设立严格的接班方案。具体而言，在继承者不同的成长与培养时期，创始人应不断地合理下放权力，以满足继承者的当下需要，同时激励继承者更好地努力。当继承者身居高位之后，财务激励已经难以满足其需要，而权力方面的职务晋升也逐渐缺乏空间，此时需要设立合理的创始人退出计划，在验证继承者具有足够的能力带领企业蓬勃发展后，创始人可以按照管理权—决策权—股权（对应总经理—董事长—控股股东）的顺序，逐步、合理地将领导权下放给继承者，从而最终完成家族企业传承。

综上所述，家族企业需要在领导权的传承过程中重视方式方法和细节把控。领导权全程并非简单地由创始人将所有权和管理权让渡给继承者，而是需要在不断的培养与考察过程中，逐步将各项权力合理地分配给继承者，从而在两代人的共同努力下，真正实现家族企业的成功传承。

二、企业家隐性知识的继承

对任何企业而言，创始人对其长远发展和成功都有着直接的影响。对第一代家族企业来说，那些能够给企业带来竞争优势的独特要素往往来自创始人，并以企业家隐性知识的形式存在。本节将在第一章第二节内容的基础上，综合借鉴中国情境下家族企业隐性知识传承相关文献（窦军生和贾生华，2008；余向前等，2013），基于企业知

---

[1] 吴羽.双汇接班人变"废太子"，自曝被罢免细节：满头血迹被保镖摁倒［EB/OL］.（2021-07-17）. https://baijiahao.baidu.com/s?id=1705515547145461536&wfr=spider&for=pc.

识观的视角探究继承者如何顺利继承企业家隐性知识，进而为家族企业带来独特的竞争优势。

首先，企业家默会知识主要包含诀窍知识（主要包括解决复杂问题的技术诀窍、管理经验）、专家见解或心得体会（对技术、市场、环境等的看法）以及心智模式（主要包括经营理念、价值观和愿景）（Drozdow，1998；Lambrecht，2005）。具体而言，为帮助继承者在家族企业传承过程中更好地继承相关内容，家族企业可以在以下方面做出相应的努力。第一，导师制度的建立，由于隐性知识具有难以交易和模仿的专用性，在任企业家无法将部分知识和能力直接转移给继承者，因此可以在长期的互动中实现默会的代际传承，如父母担任职业导师的"导师指导制"。在此过程中，导师可以利用言传身教的形式亲自指导、分享经验，并与继承者定期交流，帮助他们更好地理解和应用企业家默会知识。第二，知识沉淀与书面化。尽管大部分默会知识难以用文字表达，但企业家仍可以将其掌握的默会知识经过积年累月的沉淀后，以自传或者企业大事记的形式，将其在家族企业创立发展过程中关键时点的诀窍知识、专家见解和心智模式等内容记录下来，并形成专门的知识库或手册。历经一代代的传承，这些文档化的知识将成为继承者学习家族企业历代传承者宝贵默会知识的重要参考资料。

其次，企业家关系网络分为企业家外部关系网络和企业家内部关系网络两大类（Steier，2001）。其中，外部关系网络主要包括企业家同政府部门、行业协会、银行、客户、供应商和销售商的关系，以及基于血缘、地缘和学缘等建立起的私人关系；内部关系网络主要包括企业家同股东或合伙人、员工（尤其是创业元老）建立起的各种关系。事实上，在市场非完善条件下，家族企业经营的成败在很大程度上取决于非市场资源（比如政府和亲戚朋友）的利用，这时"企业主投入企业更多的是一种社会资本"。因此，家族企业应意识到继承者能否继承企业家外部关系网络将是企业能否成功传承的重要因素，并采取相应的措施以保障继承者最大限度地继承企业关系网络。第一，由企业家或相关经验丰富的前辈担任继承者的导师，共同参与同外部关系网络的交往。导师可以引荐继承者认识并拓展与政府部门、行业协会、供应商、客户等相关方的联系。现实中，许多企业家在正式交班前频频携子女出席各种重要的公众场合的举动，或许就是对该研究结论的最好佐证。举个典型的例子，2003 年 9 月 27 日由 40 多名香港商界大亨及其家属组成的"香港商界知名人士访京团"访京。与之前的访京团不同，本次访京的香港富豪大部分是"父子齐齐北上"。许多媒体都认为，力捧第二代是这次访京团的一大目的[1]。第二，应放权继承者代替自己维护和拓展已有的外部关系网络。通过实现"带领到代替"的过渡，让继承者成为创始人与企业外部关系网络联系的纽带，直至最终替代自己获得外部关系的认可。此外，还可以鼓励继承者加强与外部关系的继承者之间的私人友谊（即客户、供应商的子女），以情感纽带的联结促进双方关系的长期良性发展。

最后，有关企业家精神，本书在系统整合国内外学者观点的基础上，将其内涵要素归为创新精神、开拓精神和敬业精神等三个方面（窦军生和贾生华，2008；余向前等，2013）。为帮助继承者在家族企业传承过程中更好地继承企业家精神，家族企业可以在以下方面做出相应的努力。第一，具象化企业家精神，凝练为家族企业价值观和文化。具体而言，家族企业应确保继承者深刻理解具象化后的企业的核心价值观和文化。通过持续的内部培训与学习、让继承者了解企业家

---

[1]　段志敏，王立.香港百人富豪团昨夜抵京，各豪门接班人集体亮相［EB/OL］.（2003-09-27）. https://finance.sina.com.cn/crz/20030927/0806461192.shtml.

的创业历程和精神内涵。这将为他们在实践中践行创新、开拓和敬业的精神提供坚实的基础。第二，建立导师制度，以企业家的言传身教带动继承者。家族企业需要创始人担任继承者的成长导师，引导他们学习和实践企业家精神。作为导师，创始人可以分享经验和智慧，指导继承者在面对挑战时如何保持创新、开拓和敬业的态度。这样的指导将使继承者在实践中更好地体会企业家精神的重要性和应用。第三，鼓励继承者创新和探索。家族企业应该鼓励继承者敢于创新和探索，提倡尝试新的业务模式、市场拓展和技术应用。鼓励创新精神，让继承者在企业发展中保持积极的创新态度。这将激发团队的创新活力和敬业精神，推动企业不断发展壮大。

综上所述，企业家默会知识、企业家关系网络和企业家精神是家族企业代际传承过程中需要继承者继承的三大类核心要素，能否在代际传承过程中实现这些隐性知识的代际间转移，成为家族企业成功传承的关键。这一过程需要创始人与继承者默契配合与持续努力，方能实现家族企业的永续传承和发展壮大。

第四节　实证研究——创始人与继承者 "传—接意愿"一致性对成功传承的影响

一、研究目的

中国家族企业是我国民营企业的重要组成部分，对我国经济发展发挥了至关重要的作用，即家族企业在企业数量、吸纳就业规模、企业规模及行业占比以及税收贡献等方面均对我国经济社会发展产生了无可替代的影响。随着第一代家族企业创始人年龄的增长，大约四分之三的中国家族企业将在未来 5 到 10 年内经历继承过程（李新春等，2020）。因此，如何顺利实施家业传承成为家族企业创始人及相关领域研究者最关心的问题。

家族企业的创始人对于家族企业在父子代家族成员之间成功实现代际传递具有重要作用，而继承者对于家族企业成功传承也非常关键。事实上，家族企业传承是一个复杂的持续过程，创始人和继承者在这个过程中必须进行持续、密切、和谐的互动才能够促进家族企业顺利完成代际传承。基于此，如何实现创始人与继承者在继任过程中的通力协作，提升继承者的能力表现、激发其创新创造能力，成为家族企业成功传承过程中需要关注的核心问题。然而，迄今为止学界和业界仍缺乏对创始人和继承者之间互动的关注，有关创始人和继承者的"传—接意愿"一致性是否以及如何作用于继承者行为表现，乃至成功传承全过程的研究亟待探索。

综上所述，结合现实和理论背景分析，本研究拟探讨不同类型的创始人和继承者"传—接意愿"一致性对继承者工作结果有何影响，究竟是促进还是抑制？一致性程度的高低对于工作结果的影响是否有区别？不一致的两种情形下，继承者工作结果有何异同？"传—接意愿"一致性对继承者工作结果的内在传导机制是什么？基于上述问题，本研究从人—环境匹配理论的视角出发，将家族企业创始人和继承者"传—接意愿"划分为四种匹配类型，分别为"高传承意愿—高继承意愿""高传承意愿—低继承意愿""低传承意愿—高继承意愿""低传承意愿—低继承意愿"，进而探索家族企业创始人和继承者的"传—接意愿"一致性如何通过影响继承者基本心理需要的满足，进而对继承者的工作绩效和创造力产生影响。

二、研究概况

本研究的主要样本来自家族企业的创始人及继承者。本书通过作者个人资源联络了中国西部省份（四川）和东南沿海省份（浙江）的近300家家族企业，向其创始人发送了邀请信和说明书（含收集流程、样本要求、匿名填写、自愿参与等信息），并解释了调查的目的及意义：本次调查仅作学术研究使用，且作为对企业参与调研的激励，调查结果将向该家族企业反馈，为其实施家族企业传承计划提供参考建议。最终，197名家族企业创始人和其指定的197名继承者愿意参与本次调研（每个家族企业只限1名创始人和1名继承者参与）。在获得家族企业创始人和继承者的同意和支持后，我们通过发放电子问卷的形式实施了为期两轮、中间间隔4周的纵向调查数据收集。同时，为保障问卷填写的真实性，研究者反复向他们表示所有的回答仅用于研究目的，并将匿名处理。

第一阶段，我们邀请家族企业继承者评估其继承意愿和感知的创始人传承意愿以及控制变量（包括人口统计变量）。第二阶段（4 周后），邀请继承者评估其基本心理需要满足，邀请创始人评估继承者的工作绩效和创造力。在问卷回收后，我们对创始人—继承者双方的问卷进行配对，最终获得 104 份有效配对问卷（问卷有效回收率为52.79%）。调研样本人口统计学变量分布情况，见表 5-1。

表 5-1　样本人口统计学特征

指标	类别	频数	百分比（%）
性别	女	30	73.7
	男	74	26.3
年龄	25 岁及以下	4	3.8
	26—30 岁	24	23.1
	31—35 岁	41	39.4
	36—40 岁	18	17.3
	41—45 岁	9	8.7
	46 岁及以上	8	7.7
留学经历	无	34	32.7
	有	70	67.3
学历	初中及以下	2	1.9
	高中	5	4.8
	中专及大专	17	16.4
	本科	51	49.0
	硕士及以上	29	27.9
工作年限	1 年及以下	16	15.4
	2—4 年	35	33.7

指标	类别	频数	百分比（%）
工作年限	5—7 年	23	22.1
	8—10 年	13	12.5
	11 年及以上	17	16.3
职务	一般员工	9	8.7
	基层管理人员	6	5.8
	中层管理人员	13	12.4
	高层管理人员	76	73.1

资料来源：作者根据数据分析结果整理所得

三、研究结论与启示

本研究基于多项式回归、响应面分析的实证研究方法，得出如下结论。

第一，创始人与继承者"传—接意愿"越匹配，继承者基本心理需要满足程度越高。

第二，在创始人与继承者"传—接意愿"匹配的情形下，相比在"低传承意愿—低继承意愿"情形下，在"高传承意愿—高继承意愿"情形下，继承者的基本心理需要满足程度更高。

第三，继承者的基本心理需要在"传—接意愿"一致性与继承者的工作绩效和创造力的关系中均发挥了中介作用。

上述研究成果对家族企业的管理实践主要有以下几个方面的实践启示。首先，家族企业在进行传承计划时需要准确考察创始人与继承者的意愿。家族企业不同于非家族企业的基本特征就是保持企业在家族中持续经营，并以企业为载体传递家族的长期愿景。本研究结果表明，当创始人与继承者的传—接意愿不一致时，相比于匹配类型的"传—接意愿"，继承者的心理需要更难以得到满足，并最终可能对家族企业的持续经营产生不利影响。因此，创始人在考虑进行企业交接工作时，不仅需要对子女进行能力与素质上的培养准备，更需要持续密切地关注他们有关继承意愿的真实想法，并积极地加以引导，以避免双方态度观念向背而产生的分歧。在此方面，家族企业可以在管理实践中，通过引入外部咨询顾问的方式对问题进行针对性解决。具体而言，企业创始人、继承者通过与咨询顾问开诚布公地交谈后，详细了解创始人与继承者传—接意愿不一致的具体原因。例如：继承者认为自身能力不足或创始人对继承者能力、态度不满；继承者对家族企业范畴缺乏兴趣，而创始人希望继承者继承企业的态度强硬等。通过了解创始人与继承者双方的想法之后，咨询顾问可以据此提供针对性解决方案。具体而言，针对能力不足的继承者，可以为其制定详细的能力提升路径；针对继承者认为传承者强行传承态度强硬时，咨询顾问可以与创始人、继承者协商双方的责权利，并制定双方的沟通机制，包括沟通内容、沟通形式、沟通频次等；针对继承者对家族企业原有业务不感兴趣时，咨询顾问可以引领继承者利用半年至一年时间初步接触家族企业一段时间，如果经过深入了解以后仍不感兴趣，则可以作为董事会成员的身份参与公司决策，并将经营管理权交给职业经理人团队负责。另外，当继承者经历相关培训后仍无意愿接管家族企业，此时企业的创始人可以考虑将继承者的选择范围拓宽至狭义的核心家庭之外，在非核心家族成员（例如创始人兄弟姐妹及其子女等）中进行选择，从而避免小型家庭规模所带来的决策限制和风险。

其次，对继承者的培养需要关注他们的内在需求。研究结果表明，继承者的创造力和工作表现与其自主需要、胜任需要和关系需要的满足密切相关（Deci and Ryan，2000；Gagné et al.，2019）。相应地，家族企业主在对继承者进行培养的过程中，可以考虑从这三个方面为继承者提供支持，以最终实现家族和企业的长久繁荣。例如，在自主需要方面，除了在企业管理领域建立科学民主的决策机制，在家族内部也应该建立科学民主的决策机制，为继承者的工作与职业计划创造较为充分的自主决策空间，从而满足继承者自主需要；在胜任需要方面，传承者、家族传承顾问和继承者要共同制定继承者的成长目标、路径和节拍，并且坚持理论学习和实践相结合的原则，既要给予继承者具有挑战性的工作，又要让继承者取得阶段性的成果，树立其信心，提升其综合能力，从而满足继承者的胜任需要；在关系需要方面，传承者和继承者要建立有效的沟通机制，确保双方的互动是友好、坦诚、高效的，同时传承者要有计划地为继承者构建关系网络提供支持，以帮助他们获得来自家族或企业内外部的充足资源。

最后，家族传承应该是一个持续的过程，不是某个时间节点的事件。我国家族企业大部分正在经历的是一代创始人传给二代继承者，家族企业传承经验不够丰富，适合我国家族企业传承的相关理论也不完善、不系统，这就导致我国部分家族企业传承在需要时才会被重视。所谓"需要时"，一般是指创始人年龄大了或者健康出现了问题，才会将"传承"纳入日程。家族企业把传承当成了一个"交—接"时间节点的事，而不是一个持续的过程；并且到了"交—接"节点时，传承者和继承者都准备不足。其实，"交—接"是一个持续的传承过程，不是一个"交—接"的时间节点式事件。这个过程包括：让继承者在较小的时候就和企业建立相关的感情，而不是与企业产生对立的感情；在继承者中学时期，可以有意识地安排其旁听公司经营决策会议；继承者在大学时期，可以利用寒暑假到家族企业的不同岗位实习，以熟悉家族企业的产业结构、产品结构、运营管理系统等；继承者在大学毕业以后，可以根据其意愿，到其他大企业去工作一段时间，或者在家族企业里从某个岗位开始干起，逐步发现其兴趣和能力的交叉点，进而安排合适的职务；继承者进入中层管理岗位以后，建议成立家族企业传承辅导小组，这个小组应该包括传承者、公司核心高管、外聘家族传承顾问等，并且制定具体的进程、节点、培养路径和评价机制；继承者成为公司高层经营管理者，进而进入核心决策层以后，家族企业要制定科学的决策机制，以避免继承者产生骄傲或狭隘的个人英雄主义，导致家族企业出现重大决策失误。

本章主要参考文献

［1］Barach J A, Ganitsky J. Successful succession in samily business [J]. Family Business Review, 1995, 8: 131–155.

［2］Cabrera-Suárez K. Leadership transfer and the successor's development in the family firm [J]. Leadership Quarterly, 2005, 16: 71–96.

［3］Chrisman J J, Chua J H, Pearson A W, et al. Family involvement, family influence, and family-centered non-economic goals in small Firms [J]. Entrepreneurship Theory and Practice, 2012, 36: 267–293.

［4］Deci E L, Ryan R M. The "what" and "why" of goal pursuits: Human needs and the self-determination of behavior [J]. Psychological Inquiry, 2000, 11: 227–268.

［5］Drozdow N. What Is Continuity? [J]. Family business review, 1998, 11: 337–347.

［6］Gagné M, Marwick C, Brun de Pontet S, et al. Family business succession: What's motivation got to do with it? [J]. Family Business Review, 2019, 34: 154–167.

［7］Giannetti M, Liao G, Yu X. The brain gain of corporate boards: Evidence from China [J]. Journal of Finance, 2015, 70: 1629–1682.

［8］Gilding M, Gregory S K, Cosson B. Motives and outcomes in family business succession planning [J]. Entrepreneurship Theory and Practice, 2015, 39: 299–312.

［9］ Gimenez-Jimenez D, Edelman L F, Minola T, et al. An intergeneration solidarity perspective on control intentions in family firms [J]. Entrepreneurship: Theory and Practice, 2021, 45 (4): 740–766.

［10］Gómez-Mejía L R, Haynes K T, Núñez-Nickel M, et al. Socioemotional wealth and business risks in family-controlled Firms: Evidence from Spanish Olive Oil Mills [J]. Administrative Science Quarterly, 2007, 52: 106–137.

［11］Handler W C. Succession in family firms: A mutual role adjustment between entrepreneur and next-generation family members [J]. Entrepreneurship Theory and Practice, 1990, 15(1): 37–52.

［12］Hugron P, Boiteux S. La PME familiale mondiale: conséquence sur la relève [C]// Communication au 4ème Congrès International Francophone sur la PME, 1998.

［13］Lambrecht J. Multigenerational Transition in family businesses: A new explanatory model [J]. Family Business Review, 2005, 18: 267–282.

［14］Lee J S, Zhao G, Lu F. The effect of value congruence between founder and successor on successor's willingness: The wediating role of the founder–successor relationship [J]. Family Business Review, 2019, 32: 259–276.

［15］Sharma P, Chrisman J J, Chua J H. Succession planning as planned behavior: Some empirical results [J]. Family Business Review, 2003, 16: 1–15.

［16］Steier L. Next-Generation entrepreneurs and succession: An exploratory study of modes and means of managing social capital [J]. Family Business Review, 2001, 14: 259–276.

［17］Yeh M, Yang K S. Chinese familism: Conceptual analysis and empirical assessment [J]. Bulletin of the Institute of Ethnology, Academia Sinica, 1997, 83: 169–229.

［18］窦军生，贾生华. "家业"何以长青？——企业家个体层面家族企业代际传承要素的识别［J］.管理世界，2008（9）：105–117.

［19］李新春，韩剑，李炜文.传承还是另创领地？——家族企业二代继承的权威合法性建构［J］.管理世界，2015（6）：110-124.

［20］李新春，何轩，陈文婷.战略创业与家族企业创业精神的传承：基于百年老字号李锦记的案例研究［J］.管理世界，2008（10）：127-140.

［21］李新春，贺小刚，邹立凯.家族企业研究：理论进展与未来展望［J］.管理世界，2020（11）：207-228.

［22］韦伯.经济与社会（下卷）［M］.林荣远，译.北京：商务印书馆，1997.

［23］余向前，张正堂，张一力.企业家隐性知识、交接班意愿与家族企业代际传承［J］.管理世界，2013（11）：77-88，188.

［24］朱晓文，吕长江.家族企业代际传承：海外培养还是国内培养？［J］.经济研究，2019（1）：68-84.

chapter six

第六章

其他利益相关者
与家族企业事业
传承

第一节　继承者的困境

　　家族企业是一个综合系统。为了完成其家族性、经济性和社会性方面的要求，家族企业需要多个子系统间的相互协同。家族企业的传承也不是由传承者和继承者参与的独立事件，是一个复杂的社会化过程，是不同利益相关者相互作用与合力的结果。传承者和继承者是家族企业传承中的主要利益相关者，他们之间的协调和平衡是家族企业传承的关键所在。除此之外，其他利益相关者，如家族内其他核心成员、创业元老、非家族成员高层管理者等也会对家族企业事业传承产生举足轻重的作用。

　　在家族企业的传承过程中，所涉及的利益相关者在不同程度上会被领导权的转移所影响，生成不同的利益取向，产生权力竞争与冲突（李新春等，2015；冯文娜等，2018）。这些冲突会影响正在经历的或者已经完成了的事业传承。故而，家族企业的事业传承可谓是荆棘载途，往往会出现"少主难以服众"和"家族内讧"困境。

一、少主难以服众

　　"少主难以服众"，是在家族企业的事业传承中因利益相关者的相互牵扯而引起的一个关键问题。根据《中国家族企业年轻一代状况报告（2017）》显示，年轻一代企业家受教育程度较高，67% 的人具有大专及以上文凭，其中年轻继承者的受教育程度要高于年轻创业者，拥有海外留学经历的年轻继承者占比高达 19.24%，这也说明家族企业的继承者受家庭的影响获得了更多的受教育机会。另外一个数据也值得注意，在年轻继承者中，由学生直接成为企业主的比例高达 28.15%。但是在企业重大决策上，年轻继承者做出决策的比例只有 51.81%；在企业日常管理方面，年轻继承者与其他家族成员共同参与管理的比例为 67.51%，这两个数据都低于年长一代的企业家和年轻一代的创业者。不难看出，虽然二代继承者比父辈具有更高的学历和更宽广的国际视野，但他们在登上了家族企业的舞台后，拥有的决策权和对日常管理的参与度却不高。进一步分析，可能是由于自身的权威不足，例如从学生直接成为企业主是难以在家族企业中获得较高权威的，往往面临"少主难以服众"的尴尬困境，接班后的经营表现也会不尽如人意（李新春等，2015）。

此外，由于担心继承者太年轻，管理技能不足或权威不足，传承者会在家族企业的传承过程中安排高管予以辅佐或由高管暂时承担家族企业的管理责任，这样又会引发继承者与高管团队之间的断裂带问题，进而影响继承者的继任绩效。在这种情况下，高管还可能会将代际传承视为对自己职业生涯的威胁，尤其是当他们认为自己非常适合领导者职位时，或者因与继承者偏好差异而导致决策分歧时，会产生权力侵占等不道德行为，对继承者顺利继任并持续治理家族企业产生威胁。

二、家族内讧

家族内讧是家族企业事业传承中面临的另外一个关键问题。在家族企业的事业传承过程中，家族成员往往因为利益分配、关系复杂化等原因产生分歧。家族企业内讧事件时有发生。如乐天集团长子与次子之间的权力斗争[1]，将传承者与家族核心成员间关于继承者选择的分歧展露在公众视线内，使得企业如何完成平稳接班成为家族企业持续发展中的一大难题；龙盛集团因父子反目致使集团沦为资本市场的"弃儿"[2]；三星集团三兄弟为了争夺"储君"之位，内斗堪比玄武门之变[3]。家族内讧不仅仅是家族的内部故事，更是具有真实经济后果的社会事件，关乎家族企业的顺利传承与传承绩效。

在家族企业权力变革时期，由于传承过程中涉及的不同利益相关者价值目标与利益的冲突，使得家族企业的传承之路布满荆棘（李新春等，2015）。在我国，基于国情，家族企业的形成具有特殊性，差序格局的人际关系也对家族企业发展起到了不容忽视的作用。再则，家族企业的代际传承不是一蹴而就的，是一个长期的社会化过程。在这个过程中，利益相关者也不是一成不变的，会随着代际传承的过程而不断发生变化。只有清楚认识利益相关者及其利益诉求，积极进行沟通协调，才能促进我国家族企业的代际传承的顺利实现。如何处理传、继者，家族内其他核心成员，创业元老及家族外高管等其他利益相关者之间的关系，是家族企业代际传承中需要解决和回答的关键问题。因此，本章将主要从其他利益相关者的视角，进一步分析家族企业代际传承问题。

［1］ 杨舒怡，徐超.乐天集团内斗！韩国真实版《继承者们》［EB/OL］.（2015-08-04）. http://www.xinhuanet.com/world/2015/08/04/c_128089730.htm.

［2］ 陶喜年.上市公司演豪门恩怨：浙江龙盛董事长父子反目［N］.时代周报，2011-09-01.

［3］ 万峰.三星兴衰的储君之争［J］.全球商业经典，2019（9）：106-109.

第二节　家族内利益相关者

一、家族关系

"礼之用，和为贵"——《论语·学而》。中国人信奉"诗礼传家，忠厚继世"，加强家庭成员的修养，建设家族关系是事业传承的根本。

家族是支撑家族企业进行持续运营和发展的家庭结构，是家族企业最为基础的构成要素。家族治理的延续性是家族企业的重要特征。若创业者离开组织后，家族成员不再在所有权上继续控制企业或者不再参与企业管理，那么这个企业将不再被视为家族企业。故而，顺利的事业传承是家族企业必须面对的重要问题。家族关系在家族企业治理的延续性中发挥着重要作用。一般而言，和谐的家族关系被视为一笔最为宝贵的家族财富。积极、和谐的家族关系能够带来家族成员之间更多的信任、理解和认同，会促进家族冲突的有效处理，促进传承过程的平稳性，直接影响继任满意度和企业持续盈利能力，提高公司绩效。在实践中，不乏因兄弟姐妹精诚合作、夫妻默契配合和姻亲关系融洽等成功传承的案例，如家族治理的典范——百年老店李锦记、周密部署和平分家的长江集团，以及实行"带三年、帮三年、看三年"三三制交接模式的方太家族。这些和谐的家族关系大多建立在良好的家族沟通之上，而在家族企业内不论是沟通技巧的习得还是沟通机制的建立，都是家族功能作用的发挥。凝聚力、适应性和沟通是家族功能的三个重要方面。其中，凝聚力反映了家族共享的情感纽带；适应性反映了家族应对变化的能力；沟通则被认为是促进凝聚力和适应性的重要因素（Olson，2000）。

从这些成功的案例不难看出，首先，和谐规范的家族关系有利于家族成员形成共同的价值观，提升相互间的信任水平和凝聚力，会在家族和企业身份之间表现出高度整合，有助于家族成员在企业内部实现高水平的身份认同感。其次，和谐规范的家族关系有利于增强家族成员的弹性能力，利于通过开放的沟通采用恰当的方式处理冲突。家族成员之间有了冲突能够公开表达和仔细考虑，能够尊重他人的态度和看法，会促使家族成员为共同利益和共同目标而努力，减少冲突带来的危害并予以有效解决。最后，和谐规范的家族关系会推进家族企业的代际传承，促进家族企业治理的延续性。

不仅成功案例如此，这一结论得到了学界一系列研究的证实。早在20世纪80年代，研究者就发现和谐的家族关系与家族企业连续性规划之间存在正相关关系（Malone，1989），下一代家族成员与传承者之间的相互尊重和理解能促进传承过程积极稳定地推进。规范和谐的家族关系，如家族成员间的定期沟通会促使管理团队的决策顺利进行，会影响家族企业中的意见分歧。

然而，事实上，有一半以上的企业因为兄弟姐妹的分道扬镳而收场，也不乏夫妻反目并将下一代卷入纷争的局面，还存在靠裙带关系上位掀起权力争斗的现象。例如，乐天集团创始人辛格浩解甲归田时，将经营权交给次子辛东彬，长子辛东主发动"政变"，兄弟反目，上演"夺权大战"[1]，将创始人关于继承者选择的分歧展露在公众

---

[1] 杨舒怡，徐超. 乐天集团内斗！韩国真实版《继承者们》[EB/OL].（2015-08-04）. http://www.xinhuanet.com/world/2015/08/04/c_128089730.htm.

视野，一时间让家族企业如何完成平稳接班过渡成为家族企业持续发展的难题。又如，在霸王集团，曾经双剑合璧、驰骋商界的伉俪企业家陈启源和万玉华，进行控制权之争、股权之争，不惜将家丑公之于众，发起诉讼，引发企业的公关危机，将下一代卷入其中[1]。再如，真功夫在建立之初，潘宇海和姐姐两家四口都在为公司的发展而共同努力，互相信赖，家族关系和谐，公司不断发展壮大。但随着公司规模的不断扩大，家族内部出现了不和谐的声音，四人之间嫌隙不断，进而演变成了家族内斗，导致公司业绩不断下滑[2]。四人最终分道扬镳，对簿公堂。由此可见，家族关系也给家族企业的事业传承带来较大的挑战。

由于家族企业治理的延续性是建立在家族基本结构的延续性之上的，为了保障顺利传承，家族企业往往较好地保存了传统的家族观念，将完成家族成员的补充或生产作为重要任务。补充家族成员并让家族成员参与到家族企业中不失为一种有利于推动家族企业持续发展的治理机制，但也会因为家族成员各自的目标、偏好以及追求的经济与非经济利益，不乏与继承者产生争权夺利和相互拆台等非理性行为。他们曾是家族企业备选"储君"，或者曾为家族企业的发展立下了汗马功劳，或者在家族企业中占据重要职位。继承者对家族企业的接任可能会使他们的部分利益受损，使有权力的家族成员之间的互相竞争演变为资源"竞相侵占"，不同类型亲属关系间产生的权力竞争和冲突，使得继承者对家族企业的持续治理荆棘密布。

---

[1]　钱瑜，李静.创始夫妇内斗　霸王难回巅峰［N］.北京商报，2018-01-08.

[2]　赵新星.今日资本黯然退出真功夫股权之争现转机［N］.南方日报，2013-02-01.

二、手足

"血浓于水"的手足情谊自古以来便是备受推崇的家庭情感，也是家族关系中的一种重要关系，在家族企业治理中发挥着重要作用。手足型家族企业广泛存在于我国的经济体系中。福布斯《2023年中国家族企业报告》的调查显示，手足关系在家族成员中处于首要地位。兄弟姐妹等手足合营家族企业可以降低管理费率和经营费率，提高总资产周转率，进而表现出较高的经营效率。

然而，在家族企业中，兄弟姐妹之间的手足关系也往往十分敏感脆弱。在事业传承的过程中，兄弟姐妹中的某一成员一旦获得家族企业的继任权或者在家族企业中获得了更高的职位，其他兄弟姐妹很可能会产生心理压力，影响兄弟姐妹间的正常关系。如果兄弟姐妹之间发生了不可调和的矛盾，将会对家族企业的持续治理和基业长青造成致命的威胁。特别是如果家族企业在传承过程中迫使一个或者多个兄弟姐妹退出，不仅会导致家族企业人员结构的不稳定，也会造成大量企业资源的浪费，对家族企业的传承绩效产生负面影响（于晓东和刘小元，2017）。

三、夫妻

有的家族企业由夫妻共同参与经营，共同拥有，称为夫妻共同经营的家族企业。这一类型在家族企业中较为常见，可占半壁江山。早在2017年，有调查关于上市家族企业亲属关系的统计显示，夫妻关系家族企业占比超过50%。根据2022年福布斯富豪榜，以夫妻关系执掌企业的富豪比例，从2012年的7.7%上升到2022年的15.2%。福布斯《2023 年中国家族企业报告》数据也显示，夫妻关系家族企业的占比直线上升。一般而言，在夫妻共同经营的家族企业中，夫妻双方将彼此视为分工不同、地位平等的生意伙伴，但更不乏丈夫在企业中担任董事长或者 CEO，妻子更多地主管对企业有着重要影响的部门，辅助丈夫。夫妻肩负着维系家族成员之间和谐、亲密关系的职责，为家族成员之间的沟通和交流搭建平台。在创业阶段，来自配偶的支持是夫妻共同经营家族企业的重要竞争力。虽然在夫妻共同经营的家族企业中，夫妻双方能够相互配合、相互制约、相互监督，促进家族企业发展，但也会存在助长家族企业内部裙带关系的问题。而且如果夫妻二人产生矛盾，情感破裂，甚至离婚，那么对于如何分割双方在家族企业中的权利则会变得十分棘手，甚至会将下一代卷入其中，影响家族企业的持续治理。

四、姻亲

不管是配偶的兄弟姐妹和兄弟姐妹的配偶等同代姻亲关系，还是女婿、儿媳等异代姻亲关系，都对家族企业的顺利传承起着不可忽视的作用。福布斯《2023 年中国家族企业报告》数据显示，随着二代继承者越来越多地参与到经营管理中，在父子 / 母子、父女 / 母女关系占比上升的同时，异代姻亲女婿 / 儿媳和甥舅 / 叔侄二代姻亲数量显著增长。虽然姻亲关系是企业获取人才的一种重要方式，相较于非家族成员，姻亲具有更强的可靠性。但姻亲之所以能够进入家族企业，并非因为个人能力，更多的是因为特殊的身份背景。这种裙带关系往往涉及利益争夺，会使家族企业内的公平性和其他家族成员的利益受损，激化兄弟姐妹等家族成员之间的敌对情绪。当然，姻亲关系对于家族企业事业传承的利弊尚无定论，到底是利是弊需要考虑很多因素，如家族企业的特点、家族成员的特点以及姻亲的特点等。

　　此外，家族成员之间存在的情感冲突也是影响家族企业顺利进行事业传承的一个方面。在家族企业的管理中，往往有许多不成文但被家族成员普遍遵守的软性规则，如家族习惯、惯例和家族行为规范等。由于家族成员对软性规则的内化和理解程度不同，年轻一代的继承者有可能不能充分理解需要共同遵守的家族软性规则，违反之事也时有发生。但在家族中，一旦有人违反了这些软性规则，就会激起情绪，引发家族内部情感冲突。还有一些家族成员不在家族企业任职，但他们具有一定的知识积累和社会经验。其中，年龄大的长辈为了利润分配、股利政策以及如何在家族企业内部安插自己的子女而烦恼，年轻的家族成员则会为自己的前途考虑，他们对家族和谐和家族企业代际传承的顺利实现也有着不容忽视的作用。

第三节 家族外利益相关者

一、非家族成员高层管理者

继承者从进入企业到逐渐掌权接班，非家族成员的高层管理者也是其能否顺利实现代际传承的关键因素之一。非家族成员高层管理者聘用的必要性是由家族企业需求和家族状况形成的。当家族企业面临家族成员意愿或能力不足时，可能会通过雇用非家族成员担任高层管理者以帮助治理企业或缓解家族中的冲突问题。一般情况下，家族企业规模越大，越需要更多具有更高专业水平、更强管理能力和更多外部知识的高管。另外，对于非家族成员高管而言，他们进入家族企业的理由也与自身和家族企业的需求相关。非家族成员高管基于家族企业现有的治理特征，如企业影响力、沟通机制和领导风格等做出加入家族企业的决定。也就是说，家族企业主和非家族成员高管都对合作关系抱有期望。

继承者对家族企业的接任可能会打破非家族成员高管与家族企业之间原有的期望，使其部分经济或非经济利益受损，从而与继承者之间产生矛盾和冲突。要想顺利实现企业的代际传承，就不能完全忽视这部分利益相关者的意见。如果继承者与非家族成员的高层管理者产生的矛盾不可调和，最终的结果要么是高层管理者离职，要么是重新选择继承者。因此，非家族成员的高层管理者在家族企业代际传承过程中，就可能由确定利益相关者变成预期或潜在的利益相关者。同样，家族企业之外的职业经理人，也可能会因为继承者对企业的继任而成为企业的管理者，从而由潜在的利益相关者变成家族企业确定的利益相关者（赵瑞军和苏欣，2013）。

二、创业元老

在家族企业的发展过程中，有一批老员工跟随创始人开疆拓土，是家族企业"泛家族"中的核心成员。"泛家族"一词来源于社会学。广义指的是家族主义由家族延伸到企业、社会等其他非家族组织，从而产生类似家族行为的过程或倾向；而狭义指的是把非家族成员变为"准家族""家族式"的成员，并建立起互惠和信任的价值观（邹立凯等，2023）。因此家族企业的泛家族化一个重要特征和手段就是把家族外部的元老级员工纳入企业中来。一般而言，元老级员工资历高、辈分高、薪资高、工龄长、工作经验丰富以及对创业者忠诚度高，对家族企业发展做出过重要贡献。但同时，他们的能力水平不能再匹配新的业务发展需求，工作激情慢慢消退，身居要位不作为，也不愿接受新事物，甚至抵触公司的创新举措或新的领导者。更有甚者积累势力"雄踞一方"，煽动不明所以的其他员工抗议家族企业的创新发展，不利于家族企业的传承与发展。

在家族企业的传承过程中，传承者和继承者要安排好新人和旧人，实现新老平稳过渡，这需要做长期准备。"元老"能够从新人的经营和管理中获得更多回报，他们会比较乐意协助年轻人工作，将其推上马并送一程。如华为通过完善职业任职资格制度，逐步实现新老更替[1]。这

---

[1] 施炜，苗兆光.企业成长导航[M].北京：机械工业出版社，2019.

项制度包括三部分：职业发展通道、职业任职资格标准及资格认定。资格认定每隔两年进行一次，根据结果决定留用、晋升或者降级。对于已经出现"元老问题"的家族企业，则需要根据家族企业的实际情况和元老的能力特征为他们选择最匹配的出路，以推进家族企业事业传承的顺利进行。对于尚未出现"元老问题"的家族企业，则可以通过培训和轮岗等制度设计推动元老级员工的能力提升，预防"元老问题"对家族企业持续治理产生影响。

三、"泛家族"经理人

在新经济时代背景下，我国家族企业目前正面临家族传承与企业转型的双重挑战。代际传承中到底沿袭"子承父业"的家族权威治理，还是转而职业化治理？企业在经营治理中是坚守家族经营，还是另辟蹊径进行转型？这是目前我国大部分家族企业的战略困局。从家族传承的视角来看，虽然子承父业是我国家族企业的主流传承模式，但从现实看到的情况是二代继任存在诸多问题，如权威缺失、能力和意愿不足等。因而，二代继任问题催生出了一种混合管理模式，即引入职业经理人，但所有权和经营权不完全分离。聘请职业经理人并在一定程度上让渡企业经营权是家族企业实现治理转型的重要方式，成为很多家族企业追求可持续发展的重要选择，其核心是实现经营权在家族和经理人之间的合理配置。但在我国家族企业中，该模式也面临许多挑战。一方面，从现代公司的制度安排来看，职业经理人应拥有与其职责相当的决策权。但另一方面，从家族企业内部成员间的亲缘关系来看，在重要决策中职业经理人显然是一个"局外人"。这两方面的矛盾阻碍了职业经理人在家族企业里应发挥的角色和作用。我国家族企业更多采取的是一种折中方式，即泛家族化管理。家族企业的泛家族化的一个重要特征和手段就是把家族外部的经理人纳入企业中来，意味着家族企业赋予经理人一定的经营管理权、适当的股权，让其参与企业经营战略的制订和经营决策的实施。如雅戈尔集团通过赋予经理人股权的方式实现泛家族化的发展模式。而基于"泛家族"的管理，实际上就是家族企业在保证家族控制权的前提下引入职业经理人，其不一定来源于经理人市场，也可能是基于地缘或学缘等关系进行选择（朱红军等，2007）。

职业经理人的"泛家族化"是实现治理转型的关键，因为泛家族化相当于对职业经理人市场中诚信、信誉等机制缺失的应对措施。但是在实际案例中，家族企业聘任职业经理人是否实现了有效泛家族化经营暂时不得而知。尽管职业经理人可以带来更多人力资本、社会网络和管理经验，对家族企业治理转型有重要作用，但是在引入职业经理人后，我国浓郁的家族文化以及人际信任的脆弱等因素对其构成巨大的经营挑战。此外，因控制权让渡而引发的代理风险以及家族成员与职业经理人对企业控制权进行争夺的现实案例也轮番上演，如国美黄光裕与陈晓为了争夺国美的控制权，引发了轩然大波。

四、传承顾问

传承顾问是家族企业代际传承中为传承者和继承者提供信息和建议的主要来源。一般而言，传承顾问可以分为正式顾问和非正式顾问两类（Strike，2012）。正式顾问一般指在企业内任职的专职顾问人员，如企业高层管理人员，非正式顾问指不在企业内任职，却被高度信任的人，如导师和家族企业顾问委员会成员等（杨学磊等，2021）。传承顾问通常能为传承者和继承者提供重要的见解和决策参考，并协调传承双方关系，助力家族企业在代际传承过程中平稳过渡并得到持续发展。传承顾问在减轻传承双方信息不对称、降低传承者和继承者之间的代理成本、构建家族企业商业模式中发挥着关键作用，是传承两代人沟通的桥梁（Deng，2015）。但传承顾问在家族企业传承中也可能是一把"双刃剑"，在减少传承者和继承者双方信息不对称，推动家族企业传承过程顺利实施的同时也可能导致目标异质性过高而增加代理成本。

虽然传承顾问在家族企业的传承过程中发挥着重要作用，但其作用的发挥也会受一些因素的影响，具体如传承者的放权准备和对接班人的培养、家族企业的家族氛围和企业文化、传承顾问自身的态度和能力以及是否能协助家族企业制定并执行监督业绩的标准和方案等。

第四节 实证研究——继承者权力竞争四围感知对继任绩效的影响机制研究

　　家族企业作为市场经济的重要组成部分，是国民经济增长的有力支撑，其经营与发展一直是学界与业界关注的焦点。经过过去 30 多年的发展，我国多数家族企业已迎来创始一代向二代权力交接的关键阶段，子承父业是我国家族企业代际传承的主要模式。但在企业权力交接变革时期，家族内其他成员和非家族成员管理者等的既得利益会因家族企业传承而受损，进而与继承者产生利益冲突，往往会造成"少主难以服众"及二代与功臣之间的权力竞争等问题，限制了继承者在接班后大展拳脚，最终可能导致少主接任后企业绩效难以提升甚至下降，对家族企业的持续治理和基业长青产生威胁。因此，需要从继承者与家族企业内其他利益相关者之间的互动关系来思考家族企业代际传承如何顺利实施的问题。

　　在本节，将重点通过一个实证研究来分析家族企业代际传承中继承者与其他利益相关者之间的关系对家族企业持续治理的影响。

一、研究目的

　　继承者、传承者与继承者以外的家族成员和非家族成员企业高管是影响家族企业在代际传承后持续治理的主要利益相关者。那么，在家族企业的事业传承中，继承者与其他利益相关者之间会产生何种关系？这种关系会如何影响继承者对家族企业的持续治理？会对家族企业传承绩效产生何种影响以及如何影响？以及在这个影响过程中，继承者会发挥什么样的作用？为了回答上述问题，该实证研究主要基于社会认知理论的逻辑框架，分析了继承者在感知到高管团队权力竞争氛围后会产生何种行为进而会对继任绩效产生何种影响。首先，继承者在感受到来自高管团队的竞争氛围后，会产生应对行为以保护自身的"江山稳固"，这种行为被称为对非家族成员的领地行为。在这个过程中继承者的自主权和家族关系则会影响继承者对高管团队竞争的应对，如家族成员之间的和谐关系可能会弱化继承者面对高管团队竞争的心理不安全感，给继承者提供坚实后盾，也会弱化高管团队竞争对继承者领地行为的作用；继承者自主权指继承者影响和决定他的工作方式的能力。继承者被赋予厚望接班企业，是企业的新主人，会积极地对外宣示自己拥有权力。当继承者感受到来自高管团队的竞争时，会强化对家族企业的控制权和心理所有权，积极实施领地行为。其次，继承者一旦产生领地行为，很可能会减少与高管团队之间的合作，可能形成双向封闭的信息共享关系，阻碍重要工作信息的传递，不利于管理团队之间开展高效的协同工作；也有可能产生溢出效应，影响员工与员工之间的良性互动，甚至造成家族成员与非家族成员之间的对立关系。上述情况都有可能对继任绩效造成不利影响。

综上所述，该实证研究主要探讨了当继承者感知到来自高管团队的竞争氛围时，如何通过对非家族成员的领地行为对继任绩效产生影响。下文将对该实证研究所涉及的研究样本和研究结论进行简要介绍。

二、研究概况

该研究数据来源于对家族企业传承者和继承者的问卷调查。由于调研对象较为分散，研究人员委托一家专门从事家族企业研究的咨询公司协助开展问卷调查，面向四川、浙江等国内多个省份 300 多家家族企业发放了电子问卷，最终收取有效问卷 94 份，问卷有效回收率为 25%。样本特征如表 6-1 所示。

表 6-1　样本人口统计学特征

指标	类别	频数	百分比 %
性别	女	64	68
	男	30	32
年龄	25 岁及以下	5	5
	26—30 岁	21	23
	31—35 岁	41	44
	36—40 岁	15	16
	41—45 岁	7	7
	46 岁及以上	5	5
是否独生子女	是	61	65
	否	33	35
是否为高管	是	81	86
	否	13	14
是否已接班	是	37	39
	否	57	61

资料来源：作者根据数据分析结果整理所得

　　为了提高数据的可靠性，减少同源偏差，采用了两阶段—双来源的数据收集方式。在第一阶段，由家族企业的继承者回答感知的高管团队权力竞争氛围、家族和谐、自主权和个人基本信息；传承者回答企业基本信息。在第二阶段，由继承者对领导行为进行评价，传承者对继任绩效进行评价。两个阶段之间相隔 1 个月。在数据收集结束后，匹配了每个企业继承者和传承者数据。

三、研究结论与启示

1. 研究结论

该研究使用 SPSS 25.0、Mplus8.0 和 Amos21.0 对 94 份家族企业的样本数据进行数据分析，通过描述性统计分析、验证性因子分析、信度分析、相关分析、回归分析，得出以下结论：

第一，继承者对非家族成员高管的领地行为在其权力竞争氛围感知与继任绩效之间起中介作用。具体而言，继承者权力竞争氛围感知会促使其产生对非家族成员的领地行为，而这种领地行为会对家族企业继任绩效产生消极影响。

第二，家族和谐负向调节权力竞争氛围感知对非家族成员领地行为具有正向关系。具体而言，继承者感知家族和谐程度越高，权力竞争氛围感知对其领地行为倾向的影响越小；相反，继承者感知家族和谐程度越低，权力竞争氛围感知对其领地行为倾向的影响越大。

第三，继承者自主权正向调节权力竞争氛围感知对非家族成员领地行为具有负向关系。具体而言，继承者自主权越高，权力竞争氛围感知对其产生领地行为倾向的影响越大；相反，继承者自主权越低，权力竞争氛围感知对其领地行为倾向的影响越小。

该研究的意义主要体现在：一是从继承者的视角，分析了继承者对继任过程中高管团队竞争氛围的感知，以及继承者的应对行为进而对继任绩效产生的影响，为思考如何推进继承者对家族企业的持续治理提供了一种较新的思路。二是分析了继承者与高管团队之间的互动关系，引入了继承者对高管团队权力竞争氛围感知、家族和谐以及自主权变量，从企业、家族与个人层面更为系统地分析了继承者如何产生对非家族成员的领地行为，以及产生领地行为后又如何影响继任绩效。该现象可以更好地帮助我们理解继承者在"江山未稳"阶段容易采取的一些"江山保护"行为到底会对继任绩效产生什么影响，能为家族企业代际传承的顺利实现起到一定的指导作用。

2. 研究启示

代际传承不是接班人一个人的事，在交接班的过程中，接班人不可避免会与高管团队产生人际互动。如果接班人利用好与高管团队的人际关系，就能够顺利推进代际传承；反之，高管成员可能只会秉持自身的标准、价值理念、身份准则和组织结构做出选择，约束接班人顺利接位。目前中国大多数家族企业正处于交接班关键时期，关系、任务和过程三种人际冲突普遍存在于接班人与高管团队之间，理性的接班人会积极在组织内寻求非正式的关系协调机制，以实现企业持续经营的愿景。

在代际传承阶段尤其是继承者开始参与企业事务的变革期间，这些矛盾利益冲突常发生在三个层面：家族—企业层、家族所有权层和家族企业所有权层。在家族—企业层面，继承者会体验到在工作与家庭之间角色相互切换、相互竞争的冲突；在家族所有权层面，继承者、家族成员高管可能会与非家族成员高管发生冲突；在家族企业所有权层面，冲突涉及多种利益相关方，并在企业继承过程中经常出现或加剧。由于继承者"江山未稳"，在公司工作较长时间的高管成员仍具有较大的话语权，会对继承者对家族企业的持续治理产生影响。因此上述利益冲突，尤其后两种冲突对于继承者的继任绩效影响较大。

继承者对于这些利益冲突的感知，一方面可能来自家族成员的竞争排挤，如兄弟姐妹或家族分支成员就继任权展开竞争，争先恐后地成为家族企业的领导。另一方面，可能来自与非家族成员的竞争，他们极可能是"打下江山"的元老和功臣，和创始一代有着特殊的情感关系。由于成长环境、教育背景的差异，与二代继承者之间有代沟和分歧。为了实现家族企业的持续治理，继承者需要妥善处理以上关系冲突，对此，可以从思想观念、行为治理和事业传承所涉及的具体活动着手。

本章主要参考文献

［1］Deng X. Father-daughter succession in China: facilitators and challenges［J］. Journal of Family Business Management, 2015, 5 (1):38–54.

［2］Strike V M. Advising the family firm: Reviewing the past to build the future［J］. Family Business Review, 2012, 25 (2): 156–177.

［3］冯文娜，刘如月. 非家族 CEO 企业家导向、家族涉入与企业二元式创新的关系研究［J］. 中央财经大学学报，2018（4）：90–103.

［4］李新春，韩剑，李炜文. 传承还是另创领地？——家族企业二代继承的权威合法性建构［J］. 管理世界，2015（6）：110–124，187–188.

［5］杨学磊，李卫宁，尚航标. 基于文献计量的家族企业传承研究现状和主题识别分析［J］. 管理学报，2021（2）：306–316.

［6］于晓东，刘小元. 不同类型亲属关系如何影响家族企业治理：基于中外研究的文献回顾与理论归纳［J］. 经济管理，2017（4）：195–208.

［7］赵瑞君，苏欣. 我国家族企业代际传承过程中利益相关者的动态研究［J］. 经济视角（下），2013（7）：110–112.

［8］中国民营经济研究会家族企业委员会. 中国家族企业年轻一代状况报告（2017）［M］. 北京：中信出版集团，2017.

［9］朱红军，喻立勇，汪辉."泛家族化"，还是"家长制"？——基于雅戈尔和茉织华案例的中国民营企业管理模式选择与经济后果分析［J］.管理世界，2007（2）：107-119.

［10］邹立凯，曾颖娴，李新春.家族身份维持、正式组织制度与泛家族化管理［J］.管理工程学报，2023（5）：1-13.

第七章

乡都酒业：
家族与企业的
共同发展

家族企业代际传承并不是一个简单的事件，更像是一场长期而复杂的"接力赛"。成功的传承，不仅要依靠"传棒人"的积累，"接棒人"的能力也同样重要。"创业难，守业更难"，继承者的能力对家族企业的可持续发展至关重要。因此，越来越多的家族企业开始重视继承者的培养，以提升二代胜任力。在对接班人进行培养时，许多家族企业创始人会选择让二代早早进入企业，从基层做起，在其积累足够的管理经验、能力得到锻炼后，再让其参与公司高层事务。比如我国乡都酒业的接班人邹积赟，就是从母亲李瑞琴创建乡都时，从乡都基层做起，李瑞琴的另外两位子女在进入企业管理层之前，也都有在公司基层进行锻炼的经历。

第一节　乡都故事再现

乡都，位于巴音郭楞蒙古自治州焉耆回族自治县七个星镇西戈壁，几个春秋几度寒暑，靠着辛勤忘我的付出和执着坚定的信念，李瑞琴和她的家人与团队让千里戈壁滩变成万亩葡萄园，成就自己曾作为农民时的一个伟大梦想——酿造出中国最好的葡萄酒。"一代种葡萄，二代酿好酒，三代做品牌"，也成为新疆乡都酒业的梦想。接触过乡都酒业的人大多会说，这是一个关系和谐、家庭和睦、事业传承的典范。如今，李瑞琴的三个孩子、两位儿媳都在乡都关键岗位上任职，为家业的顺利传承贡献自己的力量，其中二儿子邹积赟已成为乡都酒业的新掌门[1]。

一、家族精神的建立与传承

　　家族企业传承，留给后代的除了家业和财富，还应当有一些其他的资产——家族精神。家族企业的特别之处在于它们的领导通常是以家族和企业的核心价值观作为导向的。家族精神的代代相传，能保证在家族发展壮大的过程中，即使家族成员与企业创始人及企业的关系越来越远，也始终有一个能让整个家族齐心发展的风向标。在多次创业过程中，李瑞琴向家族的其他成员展示了一位敢为人先的追梦人所独有的精神：开拓进取，永不言弃。这种精神也在潜移默化地影响着整个家族，在之后李瑞琴决定创建乡都时展现出它的力量[2]。

　　李瑞琴从不讳言，乡都是一个家族企业，自己的家庭成员都扎根在乡都酒业。家人的倾情参与，是她创业早期最重要的支持力量。随着乡都的不断壮大，如今环绕在李瑞琴身边的，有一个"金不换"的管理团队和一支打不散的员工队伍，其中包括她的家人、亲戚、乡邻，他们大多数是远道而来，为她的创业精神所吸引而忠诚相随的"有缘人"。

　　两句话可以概括李瑞琴的创业生涯：做前景不明朗的事业，做他人不知深浅的事。在几乎所有人都只为解决温饱而劳作时，她率先办起了砖厂。只有一个目的，帮助大家尽快脱贫改善生活……改革开放后，政策鼓励致富，于是她从海宁引进皮革，成就了她的一份生意和

---

[1]　刘沙.醉了，戈壁：一个葡萄酒家族的梦想年代［M］.上海：学林出版社，2018.

[2]　《中外管理》杂志.有梦就去追："乡都铁娘子"李瑞琴的传奇故事与人生哲学［M］.北京：经济日报出版社，2015.本小节内容由作者根据《有梦就去追："乡都铁娘子"李瑞琴的传奇故事与人生哲学》整理所得。

事业。到了 20 世纪 80 年代末，李瑞琴的边贸生意做得红红火火，已经数不清她挖了几桶金了。

1995 年，李瑞琴关闭皮革厂后，在哈萨克斯坦的边贸业务也基本停了。这一年，李瑞琴 45 岁，同年龄段的国营企事业单位的不少女性已经办了"内退"，准备过退休生活了，而李瑞琴又开启了新的创业之旅——投资农业。放弃优渥的生活，转而走向成败未知的创业，这个决定注定难以被他人理解。但李瑞琴的梦想就是在常人不敢涉足的地方，留下自己的脚印，实现人生的独特价值，守着家业过一辈子与自己真正想走的路背道而驰。于是，1998 年秋天，她冒着失去一切的风险，踏入荒漠，开启新的征程。这一年，李瑞琴已经 47 岁了。

李瑞琴的这次创业，历时二十年，在贫瘠荒凉的南疆戈壁滩种出四万亩有机葡萄园，并发誓要酿出中国最好的葡萄酒，用匠心打造"中国酿造"的励志故事。

千年戈壁，寸草不生，真能种出葡萄吗？为了验证自己的想法，李瑞琴多方奔走，向专家们征询意见。历时半年多，经过国内外土壤、水文、葡萄种植、葡萄酿造等不同领域专家考察，结果证明：西戈壁水、土、光、热、气候等自然条件很好，适宜种植优质葡萄。这一切还只是理论上的推理，并没有考虑成本投入的合理分寸，但李瑞琴的梦想终于有了实现的可能性。为了论证这一结果，李瑞琴付出不小的代价，先后砸进去 280 多万元。仅仅是在起步阶段就已经如此艰难，后面的坎坷可想而知，但李瑞琴并未停止她的脚步。

1998—2002 年，开种葡萄的头五年，李瑞琴全家都驻扎在葡萄基地，带领工人们打井、修路、拉高压线、开沟、种葡萄苗、栽防护林、灌溉、施肥、修剪……年复一年，日复一日，全身心扑在这块土地上。卖房、卖车，投入全部积蓄，拓荒、劳动、四处筹集资金，几乎构成了他们生活的全部。创业的初始时光异常艰辛：最初一段时间，家里人甚至买不起蒙古包，只能在葡萄园支个帐篷守候；为了买肥料，大家连吃肉都舍不得，只为了能尽量把钱省下来。

二十年过去了，葡萄园从最开始的 5000 亩绵延到了 40000 亩，成为全国最大面积的有机葡萄自有种植基地。为了建设和保护葡萄园，李瑞琴还完成了多项令人叹为观止的配套工程——修建道路 120 公里，架设高压线路 28 公里，栽种防风林带 300 多万株，打机井 36 眼，铺设节水灌溉毛管 700 多万米……

李瑞琴做的每一件事情，看上去都像是奇迹。曾经的戈壁滩已经变成了绿洲，白杨树枝繁叶茂、绿树成荫，葡萄树郁郁葱葱、硕果累累……仪尔乡都葡萄酒也折服了专业而挑剔的法国人，接连斩获各种大奖，走向国际……这都离不开铁娘子李瑞琴敢为人先、坚忍不拔的精神，吸引着一拨又一拨的精英加入乡都，也成为一条核心纽带，让家庭的所有成员将乡都的发展作为共同目标，在不同的岗位挑起企业发展的大梁。

二、继承者的教育与培养

1999 年李瑞琴和当地领导、葡萄种植专家去法国考察。在感受到酒庄主人对于家族成果的自豪时，李瑞琴就暗下决心，要用三代人打造中国的高端葡萄酒品牌。"我这代人种葡萄，第二代做葡萄酒，第三代打造葡萄酒品牌。"对李瑞琴来说，乡都葡萄酒一直是有生命的葡萄酒，这种生命力便来源于乡都是家族企业。乡都发展的二十年中，李瑞琴家里的每个成员都在为乡都贡献一切可以贡献的力量。起初，丈夫邹本新负责葡萄种植，大儿子李卫当兵回乡都，二儿子邹积赟大学毕业回乡都，女儿邹晓丽做了八年公务员也回到乡都。如今每个人在乡都关键岗位上任职，其中邹积赟成为乡都酒业的继承者。戈壁变绿洲，乡都的成功，不仅离不开创始人李瑞琴的意志、超强学习力，也与她倡导全家做事业、从创业伊始便将子女带在身边进行培养密切相关。

三、躬行实践，以需他日之用：乡都"先锋官"李卫

李卫，本名邹积斌，李瑞琴的大儿子，见证并参与了李瑞琴的多次创业。李瑞琴办皮革厂、做边贸时，李卫就已经参与到母亲的事业中。由于心疼母亲因做生意累垮了身体，在家族事业的每一个重要节点上，李卫总是冲在最前面，出现在最需要的地方。李瑞琴对于大儿子的能力也十分信任，最难的问题都交给他解决，最不好处理的事情都由他处理。多年来，李瑞琴一直带着李卫做事业，足够多的实战经验让李卫具备了企业管理能力，跟在这样一位铁娘子身边也引出了李卫那股敢于尝试、永不服输的劲，为乡都的发展打造了一位先锋官[1]。

1998年，李瑞琴开始在戈壁滩上种葡萄。尽管经过专业论证，西戈壁的水土光热气条件非常好，适合种葡萄，但究竟能不能种成，还是一个未知数。成败的关键因素是打出地下水，但做论证、垦荒已经花光了家里的积蓄。面对打井的巨大开销，李瑞琴决定自己打井，并再次将这份重任交给李卫。

李卫找了些会打井的四川人，茫茫戈壁，没有任何资源，有的就是这么一支十几个人的临时"突击队"，一间简陋的房子，吃的喝的都要从大老远的地方弄过来。这个时候，李卫再次主动担任起厨师的角色，做饭给大家吃，吃饱了又跟大家一起没日没夜地干，干累了跟大家挤在小屋里歇息。苦干三个月，打下去一百米，终于见水了。

[1] 刘沙.醉了，戈壁：一个葡萄酒家族的梦想年代［M］.上海：学林出版社，2018.

在打出地下水之前，没有人知道能不能成功，一旦失败就意味着之前的付出前功尽弃。在这种希望渺茫的情况下，李卫始终保持乐观的心态，鼓舞大家，给了全家尤其是母亲很大的精神力量。在大家的齐心协力下，葡萄终于种成功了。乡都酒生产出来后，李卫又跟全家人一起，从焉耆一直拼到乌鲁木齐，终于打开了市场，打响了乡都品牌。

从 2009 年开始，李卫独立出来办了家采矿厂。后来，乡都开始搞电商，为了迎接互联网颠覆式的挑战，李卫被召回来，再次出任"先锋官"，主攻网络营销。李卫也没有辜负母亲的期望，从顶层设计开始，直到终端客户群体，设计出了一套切实可行的运营方案，利用自己的广泛人脉，聘请专业团队，推动乡都网络营销的发展。

四、学成返"乡"：乡都"发动机"邹积赟

邹积赟现为新疆乡都酒业有限公司法人代表，不仅仅因为他是掌门人李瑞琴的儿子，更是因为在追随母亲创业的过程中，他已经向乡都人展示了他过人的实力，大家相信，他能漂亮地完成乡都梦的接力[1]。

1996 年 8 月，邹积赟从新疆大学经济管理专业毕业后，就开始给母亲创办的兴兴皮革厂"打工"，第一份工作是摆地摊卖上年积压的皮衣，也是在这个时候显示了他出色的营销天赋。

两年后，李瑞琴转型种葡萄，邹积赟跟母亲并肩奋斗，分享了每一份艰苦和喜悦。2001 年，乡都酒业建厂之前，富有远见的李瑞琴

---

[1]《中外管理》杂志.有梦就去追："乡都铁娘子"李瑞琴的传奇故事与人生哲学[M].北京：经济日报出版社，2015.

将儿子送往法国学习葡萄酒酿造，这一去就是六年。由于家里的积蓄都投到了葡萄种植和酒堡建设上，邹积赞在法国的留学生活过得艰辛窘迫，更让邹积赞头疼的问题是语言不通，再加上实习时法国酿酒专家对技术高度保密，异地求学难上加难。但邹积赞并没有退缩，而是迎难而上，一边废寝忘食地学法语，一边想方设法去法国酒堡打工学艺，从葡萄的种植、管理、采摘、发酵直到罐装的每一个环节都亲自跟班操作，密切关注每一道工序，精细记录，反复琢磨……六年下来，他终于将法国人的葡萄酒酿造工艺秘籍逐一破解，回国后很快在乡都酒业挑起了酿酒技术的大梁，成为当时疆内少有的法式葡萄酒酿酒技师[1]。

邹积赞是对乡都影响最大的人物之一，李瑞琴给予了儿子最高的评价："如果说乡都是辆车，那邹积赞就是这辆车的发动机。"

从法国留学回来后，邹积赞就担任主管生产技术的副总经理。乡都的酿酒技术队伍是他培养起来的，这也奠定了乡都发展壮大的基础。当时，乡都酒厂员工多数是当地农民子弟，文化素质不高，对葡萄酒知识一无所知。再加上葡萄酒酿造是一门专业性较强、包含多种专业知识的技术，对文化素质不高的员工来说学习难度很大。于是，邹积赞便用农民的语言，深入浅出，从最简单的知识开始培训员工，经常召集大家现场学习，边操作边讲解……有人不懂就重复多遍，付出了百倍耐心，最终让每个员工都熟练掌握了岗位技术。

邹积赞的第二大贡献是将法国的葡萄酒理念带到了乡都，并在新疆独特的土壤上落地生根。他借鉴法国的酿酒理念，结合新疆的地方文化，逐渐形成了个人对葡萄酒酿造及品鉴的独到见解，提出了"随

---

[1]　李秀娟，赵丽缦.传承密码：东西方家族企业传承与治理［M］.上海：复旦大学出版社，2018.

身随性""喝酒喝的是文化""葡萄酒是艺术而不是技术"等核心发展理念，当这些理念成为乡都人的共识进而广为消费者接受时，带来的便是乡都葡萄酒品牌影响力的不断扩大和销售量的成倍增长。

邹积赞不仅是专业酿酒师，还是一个专业的乡都导游。他利用丰富的专业知识和对葡萄酒独特的见解，形象生动地向每一批来到乡都文化馆参观的领导和游客普及葡萄酒文化，让更多人在享受"乡都好时光"的同时接受乡都传递的健康生活理念，在参观的过程中记住了这位专业的乡都导游，记住了乡都，记住了乡都葡萄酒。

五、耳濡目染，不学以能：雏鹰蜕变邹晓丽

邹晓丽是李瑞琴的女儿，家里的"小公主"。在父母兄弟办皮革厂、做边贸辛苦打拼的时候，她还在读书；中专毕业后，在县财政局找了份轻松安逸的工作，一家人就她没吃过什么苦。1998年，全家人走上戈壁滩开荒种地时，刚过门的嫂子都上了"战场"，而她则在大学读本科，又没吃上苦。但她看到了家人的艰苦，尽其所能地提供了经济援助。后来，乡都葡萄酒在新疆市场上打开了局面，计划向疆外拓展，急需营销管理人员。母亲和哥哥劝她说："你干公务员，单位多你一个不多，少你一个不少，还是出来跟我们一起干吧。"从小就见证家人拼搏模样的邹晓丽，也决定离开平淡如水的公务员生活，去商海闯一闯[1]。

2006年，李瑞琴将邹晓丽派到北京试水，验证在北京开拓市场的可能性。董事长对她的要求不高，只要摸清北京市场的情况就算完成

---

[1]《中外管理》杂志.有梦就去追："乡都铁娘子"李瑞琴的传奇故事与人生哲学[M].北京：经济日报出版社，2015.

任务了。不过这个不高的要求，只是相对于李瑞琴平时的高标准、严要求而言，对一般人来说，要求已经很高了。

邹晓丽初到北京，人生地不熟，一个人"单剑闯江湖"，挑战不小。她租了间房，装上电话，办事处就算开业了。公司从新疆空运两百箱葡萄酒，邹晓丽租了一辆货车，去机场接货。当时是凌晨，搬运工比较少，人家见她身边没什么人手，就漫天要价。邹晓丽一生气，顽强不屈的劲头上来了，决定不请搬运工，自己干！她虽说没吃过什么苦，但平时耳濡目染的创业精神早就渗入了灵魂深处。

2008 年，公司正式决定成立北京分公司，先由李晓云牵头，邹晓丽协助，组建了北京销售团队。几经打拼后，渐渐地在北京市场上站稳了脚跟。第二年，李晓云执掌上海公司，邹晓丽被正式任命为北京分公司总经理。

身先士卒是乡都管理者的老传统、好传统，邹晓丽把这个传统带到了北京公司。有一年春节前，两位股东客户每家定制 10 万元的葡萄酒，要求春节前两周到货。当时距春节只有 25 天，仅物流就需三天，真正留给邹晓丽的时间只有一周多，还要设计酒标并与客户确认，随后印刷、备货、洗瓶、粘贴定制酒标、装箱以及运输……可以说是时间紧、任务重，邹晓丽和员工们一起不分昼夜加班加点，干得热火朝天，在一周内备好了定制酒，准时送到了客户那里。

二十年里，前仆后继在新疆种葡萄的人数不过来，葡萄种植少则几百亩多则数千亩，然而坚持下来的却没有几人，但李瑞琴的新疆仪尔乡都庄园却坚持了二十多年……这依靠的不仅仅是李瑞琴本人的战略眼光，还有整个家族的持续付出。

第二节　乡都案例分析

　　家族企业在传承过程中面临着诸多挑战，如管理困境，企业从创始人手中传承给下一代时，可能会面临管理理念和方法的差异，导致执行困难；或者家族关系紧张，企业传承过程中出现家族成员权力争夺、利益分配不均等问题，给企业的稳定发展带来隐患；或者接班人能力不足，无法胜任企业领导者的角色，给企业的长期发展埋下隐患。但乡都在发展传承中没有受到这两个问题的困扰：李瑞琴的三个孩子、两个儿媳妇都在公司关键岗位就职，在各自的职位上为乡都贡献自己的力量。这个大家庭成员之间关系和谐，也为家庭的事业感到自豪与骄傲，接触乡都酒业的人大多会称赞一声，这就是家族传承的典范。

一、以身作则，言传身教

　　李瑞琴认为，实现"做中国最好的葡萄酒"的梦想，需要发挥"愚公移山"的精神，通过几代人的努力。要将接力棒一代代传下去，家人的参与必不可少。家人代代传承事业，才能吸引一代代管理者和员工不断加入追梦之旅中。追梦意味着不会很快心想事成，意味着要忍受很多、付出很多，可能还包括取舍之间的无奈失去，为了将自己的精神信念传导给后代，让他们也能坚持下去，李瑞琴决定言传身教，以身作则。

年轻时李瑞琴带着舅母、妹妹一起出嫁，稍安定一点又将父亲接来供养，用实际行动告诉孩子们该怎样做人：人活着不能忘本，不能忘恩，不能忘了责任。

无论是当农民还是当企业家，无论是办公事还是操持家务，她总是那么忙碌，该做的事一心一意做好，可做可不做的事，能做也一心一意做好，用实际行动告诉孩子们该怎样做事：主动负责、不吝力气、严谨认真，凡事尽最大的努力。

孩子小的时候如果犯了错，李瑞琴也会用农村人的土法子：打腿、打屁股。在打骂中，她教给孩子们一条条做人做事的原则：马马虎虎是不行的，不负责任是不行的，不讲信用是不行的，遇到困难打退堂鼓是不行的……

李瑞琴深知，对孩子要求高，自己就必须先做到，做得更好，这样才能起到教育作用。因此，在创业最艰难的时候，她始终冲在最前面，别人叫苦她不叫苦，别人喊累她不喊累，咬紧牙关，永不放弃！孩子们看到了她的努力，也找到了一个学习榜样[1]。

二儿子邹积赞讲到母亲当年的坚强：那几年母亲的身体一直不太好，不能吹风，见风就头痛，而且长期受重度关节炎的折磨，痛起来楼都爬不上去，去医院检查，医生说要赶紧治，不然过两年就瘫痪了。没办法只好赶紧治。因为关节积水，每过两三个月就要到医院抽一次水，每次抽两三百毫升。一般人在这种情况下早就卧床疗养了，可她的事业正处于关键时期，一点也不能松懈，因此她还是忍着病痛，领着大家干。每次出现在大家面前，都是精神抖擞，好像比健康人还健康，但没人知道她因为病痛经受了多大的折磨。

---

[1] 刘沙.醉了，戈壁：一个葡萄酒家族的梦想年代［M］.上海：学林出版社，2018.

儿女们非常清楚母亲的身体状况，都想尽量分担一点，于是他们不由自主地加入了母亲的事业。渐渐地，他们真正理解了母亲的梦想，为母亲的梦想所吸引，从此由被动参与变成主动加入，愿意陪着母亲，一起追梦。在谈到母亲对自己的影响时，小女儿邹晓丽也说到，母亲就是自己的榜样，如今葡萄酒行业竞争激烈，业绩压力很大，但自己只要一想到母亲在以前那么艰难的条件下都能把乡都建设得这么好，就觉得自己更加不能轻言放弃，要像母亲那样坚持下去，把乡都建设得更好。

二、放权与认可

家族企业传承的过程中，传承者对"家族企业是否传承、何时传、传给谁以及如何传"拥有绝对的决策权（Beckhard and Dyer，1983），如果传承者没有传承意愿或者其传承意愿较弱，家族企业就不能进行成功的代际传承（Hofer and Charan，1984）。因此，传承者的传承意愿会对家族企业代际传承的成功与否产生重要影响。存在一些企业已经到了需要进行交接班的时间，但是由于创始人对于自身权威的重视，或是对接班人能力的不信任，不愿意放权给继承者。如虽然将公司的领导权交给继承者，但是自己仍然担任家族企业董事长或者总经理，保留其对家族企业的最终控制权和法律权威，并对继承者的决策不断干预，这将导致继承者在接手企业后的自主权过低。长此以往，家族企业继承者在企业中历练不够，能力难以上升；公司经营决策最终还是把握在创始人手中，也会对继承者在企业构建合法性权威造成不利影响；甚至继承者也可能因长期处在对违背创始人代价的担忧之中，身心健康、与父辈相处状态也受到不良影响。

但是，由于中国家族企业初创阶段的非制度化管理特征，中国几乎所有成功的企业有着相同的基本特点——企业的发展对优秀企业家个人素质和创业能力的依赖较强，而不是依靠某种体制结构所特有的优越性（刘小玄和韩朝华，1999）。企业家才能的不可替代性将成为企业换代之后继续成长的严重桎梏。因此，创始人应当给接班人锻炼的机会，自己在适当的时候该隐退就隐退，比如方太集团的茅理翔，与儿子合作创业，并到合适时机逐步淡出，这是一种成功树立接班人威信的途径。此外，还有红豆集团的创始人周耀亭。1992年，红豆集团将公司一分为八作为子公司而分设了8位副总，周耀亭让自己的儿子周海江担任其中一个分公司的负责人。从"相马"到"赛马"，几年下来，周海江所分管的赤兔马总公司成为红豆集团最大的子公司，既让儿子得到了历练，也为其树立了威信，继承者也就随之浮出水面[1]。这些家族企业的一个共同之处就是传承者在合适的时刻隐退，放权给继承者，通过企业管理实践使继承者的身份明朗化，并逐步凝聚成企业外环境和企业内成员认同的新权威。

李瑞琴对于继承者接班也有着相同的态度。早在创建乡都之时，她就已经决定要用至少三代人的力量成就这份家族事业，也公开表示自己会在合适的时刻退出一线，将乡都交到下一代人手中。在乡都成立后，李瑞琴也一直带着接班人邹积赟一起做这份家族事业。如今，李瑞琴退居二线，由二儿子邹积赟担任乡都CEO，负责企业的经营决策。对于二代，李瑞琴一直都是百分之百信任，在大方向没有错误的前提下，让他们自己去拿意见、做决策，也正是这份信任与支持，让邹积赟成为一个优秀的接班人，成功带领乡都继续发展。如今，邹积赟对乡都发展做出巨大贡献，李瑞琴也给予了儿子最高的评价："如果说乡都是辆车，那邹积赟就是这辆车的发动机。"

---

[1] 王晓红，喻向阳.赛马接红豆[N].中国经济时报，2004-12-14.

三、家族涉入

作为企业的下一代领头羊，继承者必须有足够的能力履行传承后的职责。接班人的胜任力，对家族企业的可持续发展至关重要。在实践中，家族企业传承失败的原因之一是继承者无法胜任领导角色，缺乏掌控传承过程的能力。对家族企业继承者提前进行教育与培养以帮助其获取必要的专业知识、提高领导能力，获得合法性，是促进企业实现成功代际传承的重要方法。

对于乡都接班人邹积赞的培养，李瑞琴采用了海外培养模式。在2001年乡都酒业建厂之前，李瑞琴就将儿子送往法国学习葡萄酒酿造工艺。邹积赞也没有辜负母亲的期望，六年的法国留学生涯，他将法国人的葡萄酒酿造工艺秘籍逐一破解，并在回国后迅速挑起乡都酒业酿酒技术的大梁，成为当时新疆少有的法式葡萄酒酿酒技师。

海外培养模式，有可能帮助继承者在个人资信和合法性等方面获得一定优势。若继承者对家族企业和本土化情景缺乏了解，也可能对其顺利接班家族企业造成困扰。

基于此，一些家族企业会选择内部成长模式培养继承者。内部成长模式不仅可以为继承者提供直接与运营本企业相关的经验和知识，还有利于继承者构建良好的企业内部关系网络。从知识的角度看，内部成长模式给予继承者充足的经验学习机会，有助于其获取企业默会知识和创造新知识，提高沟通与激励等管理技能，获得合法性。选择内部成长模式的继承者能够把更多的内部工作经历反思、抽象成个体知识，并有更多的机会不断将知识付诸实践，从而更好地升级相关知识和能力（窦军生等，2020）。如美国IBM沃森家族的小沃森，就是从底层的推销员开始干，在扎实根基的同时还带领公司走向全新的发展方向，淘汰了公司原来引以为豪的制表技术，并对研究机构进行革新，大量招聘电子技术方面的人才，成功研发出 IBM 的 700 系列和 650 系列等 IBM 第一代计算机。到 1956 年 IBM 占领了约 70% 的市场，美国本土只留下以雷明顿兰德公司为首的 7 家公司，新闻传媒戏称美国电脑业是"IBM 和七个小矮人"[1]。

李瑞琴的子女在进入公司后表现优异，也离不开她的高瞻远瞩，早早便让子女参与自己的事业。李瑞琴的早期事业，皮革厂、边境贸易，她的大儿子李卫见证并参与。往往最难的问题都是由他解决，最不好处理的问题也都由他处理。在家族事业的每一个重要节点上，李卫总是冲在最前面，出现在大家最需要的地方。二儿子邹积斌，在大学毕业后就开始给母亲创办的皮革厂"打工"，第一份工作就是摆地摊卖上年积压的皮衣，早早便展示出自己出色的营销天赋。在乡都早期最需要人才的时候，他将法国的葡萄酒工艺带回了乡都，并用农民的语言深入浅出地进行传播，付出百倍耐心和无数精力，为乡都培养了一批又一批优秀的员工，奠定了乡都发展壮大的基础。在乡都酒业建厂前，李瑞琴的两个儿子就已经和父母一起在戈壁滩上开荒、打井，没日没夜地创业。对于这两位创二代来说，乡都不仅仅是母亲要交给他们的家业，也是他们投入了无数精力的巨额宝藏，对家族事业的早期参与，不仅提高了他们的胜任力，也加固了他们与乡都的牵绊和对乡都的忠诚。

四、相互理解，家族和谐

"家和万事兴"，和谐的家族关系是家族企业治理时最为宝贵的财

---

[1] 叶平.电脑史话［M］.北京：北京大学出版社，1999.

富。由于嵌入在家庭中的亲子关系中，家族企业中的代理关系具有利他主义的特征。利他主义促使父母照顾孩子，鼓励家人互相体贴，并培养他们对家庭和企业的忠诚和承诺。良好的家族关系还有助于每个家族成员对企业忠诚，甚至演化为利他主义倾向，从而为企业积极奉献（Schulze et al.，2003）。

家族企业在事业传承过程中，由于家族和企业两个系统的纠缠，一代和二代之间关系的评价会掺杂多重因素。一方面，来自共同生活经历的固有认知也会导致双方相互评价更加难以一致。因此在企业决策方面，很容易产生矛盾。传承者与继承者之间的相互支持和理解有助于知识、关系网络、社会资本等的代际传递，对家族企业的传承成功有重要作用（Dyck et al.，2002）。另一方面，家族内部的和谐氛围也有助于成员间的相互信任和理解，推动企业领导权的传承，并有助于共同愿景的构建（Helfat and Peteraf，2003）。和谐的家族关系有助于事业传承成功，从而减少重要资源的流失，使得家族企业得以持续发展。

在分享自己的传承故事时，邹积赟也提到自己曾因为一些问题和母亲李瑞琴冲突很大，甚至母亲干脆在谈判桌上拂袖而去。尽管决定要按自己的理念去执行，但他从未放弃与母亲沟通，也从未想过要一意孤行，更多的是将尊重与感恩放在心里，调整情绪、换位思考，积极主动地与母亲沟通。

邹晓丽也在访谈中提到，自己从小属于乖乖女的性格，在遇到经营决策出现分歧时，自己更多的是先和二哥邹积赟商量。当二哥有不同意见时，再去同母亲李瑞琴商讨，也会先照顾母亲的想法。乡都能够发展到如今的规模，离不开母亲的坚持。虽然在决策方面，母亲李瑞琴会稍显强势，但是对于子女也是充分信任与支持。近年来，随着兄妹几人能力的成长，李瑞琴也更多地让他们自己去拿意见、做决策，让他们大胆去干，自己只把控大方向。

家和才能万事兴，家文化始终是乡都的灵魂，也正是这种家文化，让李瑞琴和她的家人能够拧成一股绳，朝着"打造三代人的葡萄酒"这一目标共同前进。

家族关系中，接班人与其同辈关系是否和谐也对家族企业传承成败有重要影响。当接班人有兄弟姐妹时，往往会出现手足之争、家族内讧。家族企业继承之争，一直以来都是一个敏感而又复杂的话题。例如杉杉股份，在原董事长郑永刚因心脏病突发去世后，郑永刚的现任妻子周婷和前妻的儿子郑驹就因巨额遗产发生了一场"夺权大战"，公司股价在新闻曝光后出现了大幅波动，甚至引发了监管机构的关注[1]。家族内斗，让家族企业的平稳交接成为问题，也对公司业绩产生不利影响。但乡都酒业的接班没有遇到这种情况。目前，李瑞琴的大儿子李卫主要负责李奶奶牌香菇酱的经营管理；二儿子邹积赟担任新疆乡都酒业 CEO 一职，也是乡都酒业的接班人；小女儿邹晓丽负责新疆乡都酒业北京区域业务。和谐的家族关系让这一家人在乡都的传承发展中各司其职、各尽其能，保持了家庭的稳定性，也避免了传承中因争权夺利导致家业败落。

五、继承者与传承者价值观一致

继承者与家族企业价值观的一致性对传承具有重要影响，继承者的继承意愿很大程度上受到自身价值观与企业价值观一致性的影响。当继承者价值观与企业价值观一致时，他才会认可自己的工作内容，

---

[1] 范晓林.杉杉股份"夺权纷争"引话题：当"实控人"遇上董事长谁说了算 [N]. 扬子晚报，2023-03-28.

认为在家族企业中工作是有意义的，会主动为家族企业的可持续发展而不断付出，有利于家族企业的平稳交接。例如，美国的洛克菲勒家族从小教育孩子们要诚信并且不能看重金钱，时刻给后辈灌输勤俭节约的价值观，每年定期举行家庭聚会，并邀请年满21岁的家庭成员参加家族论坛，讨论家族未来的方向、项目、新成员和其他任何有关事业或具有重要里程碑意义的家庭新闻，让家族成员铭记家族历史，这一系列举措让洛克菲勒家族的价值观植根于每一个洛克菲勒家族成员的脑海中，子子辈辈价值观的一致也让洛克菲勒家族打破"富不过三代"的家族传承魔咒，在从未引发过家族争产风波的前提下成功传承百年。

但是，由于成长环境、成长经历、教育背景等方面的差异，再加上二代可能并没有感受过父辈创业的艰难，对于接班人来说，要对家族企业的价值观产生共鸣、平衡个人价值观与家族企业价值观的差异难度较大。当继承者价值观与传承者或者企业价值观不一致时，往往会降低传承意愿或者对继承者绩效产生不利影响，进而加剧企业传承的动荡，对家族企业的经营发展造成不利影响。

回顾乡都的发展与传承，即使接班人邹积赟和传承者李瑞琴会在经营决策上产生分歧，甚至爆发争吵，但他们在家族企业价值观上是保持一致的——做事先做人，努力无止境。甚至邹积赟本人也有着李瑞琴那种在事业上不断开拓、绝不服输的劲。正是这种对企业价值观的认同，让邹积赟在经济条件窘迫、孤身在法国留学时能够坚持下来，并满载而归；在面对千里戈壁滩时能和母亲一起开荒种葡萄；在乡都员工平均文化水平不高的情况下，靠自己的知识储备为乡都培养出一批又一批优秀的葡萄酒酿造技师，也让乡都在平稳中交接。

第三节　乡都事业传承总结与评价

当前，我国众多企业处于一、二代交接班的关键时期，二代成员是否具有成为领导者的能力和意愿对家族企业的顺利传承具有重要意义。在企业传承的整个动态过程中，会有诸多因素影响二代成员的意愿与能力，包括一代的认可与支持、从一代获得的关键知识和社会网络资源、对"企业传承者"这一身份的认知等。

乡都酒业事业传承的成功，离不开李瑞琴对二代能力培养的重视。和所有成功的家族企业一样，李瑞琴十分注重对继承者的培养。乡都酒业的成功让我们看到了家族涉入对于二代能力的培养以及对二代继任表现的影响。李瑞琴在二代孩提时期就为其树立创业者、追梦人的榜样，让创业拼搏的精神充盈在家庭之中。早期手把手带着二代创业，让二代早早接触企业管理，随着二代能力的提升也不断减少对其的约束，选择将决策权下放。耳濡目染，李瑞琴的子女从小受到家族精神的熏陶，产生了对家族企业的忠诚感以及对自己"继承者"的认同感，使得家族事业传承也变得更为顺利，同时也让二代有更多的时间积累管理经验，提升管理能力。

家族精神是家族凝聚力和传承的核心，普华永道2021年发布的全球家族企业调研中国报告《从信任到彰显影响力》显示，65%的中国内地家族企业表示拥有明确的企业价值观和使命感，51%的中国内地家族企业认为秉承价值观和使命感能帮助他们团结一致，度过公共卫生危机。但调研也显示，仅38%的中国内地受访者和32%的香港受访者表示企业拥有书面成文的价值观和公司使命的文字阐述，低于44%的全球平均值。对此，普华永道中国科创与民营企业服务联合主管合伙人黄翰勋建议："家族企业应制定一套明确的家族价值观和公司使命愿景，并以书面文字进行阐述。这将确保家族在企业发展方向上保持一致，并有助于企业实施继任计划、维系家族企业的传承；还可以确保持续一致地向董事会、管理层和公司雇员传达家族价值观。"而乡都的故事则提供了另外一个有利于家族价值观的路径——通过二代家族企业涉入，促使其提升对家族价值观的认同。从人际关系的角度出发，家族企业涉入有利于继承者在企业和家庭两个团体内构建良好关系，在企业内部获得组织认同，并保持家族关系和睦和成员忠诚度。尽早接触企业运营有助于继承者更好地了解企业文化和价值观，并通过成功的职位晋升建立人际关系和信任，融入企业"内群体"（Turner，1981），获得组织认同与支持。更多的内部成长经历也意味着继承者可以与家族成员分享更多的共同经历并加深理解和认同，从而形成紧密的情感共同体，有利于维持家族和睦，形成相互信任、群策群力的良好氛围（Churchill and Hhatten，1997；Helfat and Peteraf，2003）。

此外，家族涉入提供充足的机会让二代接触企业管理，甚至参与到家族事业的早期建设中去，对于二代继任能力与继任表现的提升举足轻重。家族企业涉入，意味着继承者拥有更多的时间和机会，与传承者以及公司元老形成亲密关系，而亲密关系正是家族企业传承者十分看重的传承因素（Fiegener et al.，1994）。一方面，亲密关系有助于传承者或公司元老传递个人经验，通过替代学习的方式帮助继承者获取高效和低成本的知识，尤其是难以编码且只能在个体间传递的默会知识（Leonard and Sensiper，1998）。另一方面，与传承者或公司元老的亲密关系有助于继承者在与他们的日常沟通中互相启发，创造新知识（Holcomb，2009）。另外，企业内部工作的丰富经历给予继承者更多机会与企业内外部利益相关者接触，从而能在实践中提高其管理能力。上述知识与能力构建了继承者接班企业的资信，进而可以更好地获得组织成员的支持。

因此，在家族企业事业传承时，可以结合自身情况，通过多种方式增加继承者家族涉入的机会，提升其对家族企业的情感认同与忠诚感，进而增强继承者的继任意愿，并通过家族涉入为继承者积累管理经验、提高管理能力；给予二代充分的决策自主权，培养一位优秀的企业"领头羊"。

本章主要参考文献

［1］Beckhard R, Dyer Jr W G. SMR forum: Managing change in the family firm-Issues and strategies [J]. Sloan Management Review (pre-1986), 1983, 24 (3): 59.

［2］Hofer C W, Charan R. The transition to professional management: mission impossible? [J]. American Journal of Small Business, 1984, 9 (1): 1-11.

［3］Schulze W S, Lubatkin M H, Dino R N. Toward a theory of agency and altruism in family firms [J]. Journal of Business Venturing, 2003, 18 (4): 473-490.

［4］Dyck B, Mauws M, Starke F A, et al. Passing the baton: The importance of sequence, timing, technique and communication in executive succession [J]. Journal of Business Venturing, 2002, 17 (2): 143-162.

［5］Turner R J. Social support as a contingency in psychological well-being [J]. Journal of Health and Social Behavior, 1981: 357-367.

［6］Churchill N C, Hatten K J. Non-market-based transfers of wealth and power: A research framework for family business [J]. Family Business Review, 1997, 10 (1): 53-67.

［7］Helfat C E, Peteraf M A. The dynamic resource-based view: Capability lifecycles [J]. Strategic Management Journal, 2003, 24 (10): 997-1010.

［8］Fiegener M K, Brown B M, Prince R A, et al. A comparison of successor development in family and nonfamily businesses [J]. Family Business Review, 1994, 7 (4): 313-329.

［9］Leonard D, Sensiper S. The role of tacit knowledge in group innovation [J]. California Management Review, 1998, 40 (3): 112-132.

［10］Holcomb T R, Ireland R D, Holmes Jr R M, et al. Architecture of entrepreneurial learning: Exploring the link among heuristics, knowledge, and action [J]. Entrepreneurship Theory and Practice, 2009, 33 (1): 167-192.

［11］窦军生，张芯蕊，李生校，等. 继承人培养模式何以影响家族企业传承绩效：继承人受认可度的中介效应［J］重庆大学学报（社会科学版），2020，26（5）: 17.

［12］刘小玄，韩朝华. 中国的古典企业模式：企业家的企业——江苏阳光集团案例研究［J］. 管理世界，1999（6）: 179-189.

［13］刘沙. 醉了，戈壁：一个葡萄酒家族的梦想年代［M］. 上海：学林出版社，2018.

［14］《中外管理》杂志. 有梦就去追："乡都铁娘子"李瑞琴的传奇故事与人生哲学［M］. 北京：经济日报出版社，2015.

第八章

双汇：父子相争，由代际冲突引发的动荡

　　家族企业事业传承不是一次性的、单向的、简单的权力让渡，而是一个复杂的动态过程，并且传继双方都需要对传承保持一致的态度。一方面，传承者需要在不断培养与考察过程中，逐步将家族企业的领导权合理地分配给继承者，并将家族企业中至关重要的隐形资产传承下去；另一方面，继承者面对传承挑战，需要积极主动地与传承者沟通，投入更多的时间、精力和资源，满足传承者以及相关利益者的期待，持续治理家族企业，将家族事业传承下去。家族企业的事业传承可以看作传—继双方的合作博弈，需要双方精诚团结、共同努力！一旦传—继双方不再团结统一，那么家族企业代际传承的过程必将走向分裂，最终造成难以挽回的后果——双汇就是这样一个案例。

第一节　双汇案例呈现

一、一代龙头企业的发展

　　双汇集团是中国最大的肉类加工基地、农业产业化国家重点龙头企业，在全国 18 个省（市）建有 30 个现代化的肉类加工基地和配套产业，形成了饲料、养殖、屠宰、肉制品加工、调味品生产、新材料包装、冷链物流等完善的产业链。双汇年产销肉类产品近 400 万吨，拥有 100 多万个销售终端，每天有 1 万多吨产品销往全国各地。全国除新疆、西藏外，双汇的产品都可以做到朝发夕至。关于双汇的故事，得从 1958 年讲起。

1958 年 7 月，双汇集团的前身——漯河市冷仓成立。1969 年 4 月，公司名称变更为漯河市肉类联合加工厂，但公司真正的起步腾飞是在 1984 年。

1984 年 7 月，万隆当选漯河肉联厂厂长，当年即盈利，结束了 26 年的亏损历史。为维持企业运转，万隆带领职工们杀猪、宰鸡、宰牛、宰兔、宰乳猪，从资不抵债的小肉联厂，发展到全球规模最大的猪肉加工企业，改革创新，搞活企业求生存，万隆功不可没。

20 世纪 90 年代，为了不断提升产品质量，双汇引进、吸收、消化世界先进技术和设备，改造传统肉类工业，先后从美国、德国、荷兰等国家引进 5000 多台设备，把世界的腌制技术、乳化技术、冷分割技术、保鲜技术应用到了中国肉类工业，并取得了不小的成果。1992 年 2 月，第一根"双汇"牌火腿肠问世，"双汇"的名字正式诞生，此后发展一路高歌猛进。1994 年 1 月，合资成立华懋双汇集团有限公司；1994 年 8 月，以漯河肉联厂为核心组建并成立双汇集团；1996 年 9 月，双汇食品城一期工程全部竣工；1997 年 7 月，双汇集团通过 ISO9002 质量认证体系；1998 年 12 月，"双汇实业"5000 万 A 股股票在深交所成功上市；1999 年 12 月，"双汇"商标被认定为"中国驰名商标"，双汇集团被列为国务院 512 家重点企业。

进入 21 世纪，双汇率先从欧洲引进国内第一条冷鲜肉生产线，并且把冷链生产、冷链运输、冷链销售、冷鲜肉连锁销售模式引入中国，开创了中国肉类第一品牌。在全国 18 个省（市）建有 30 多个现代化的肉类加工基地和配套产业，销售量连续多年居中国肉类行业第一位。双汇在行业内专业专注，逐渐扩大生产，成为中国最大肉类加工基地。2000 年 10 月，双汇集团被国家农业部等八部委认定为首批"农业产业化国家重点龙头企业"；2000 年 12 月，双汇工业园二期工程全面竣工投产，双汇集团经国家人事部批准建立企业博士后科研工作站；

2001 年 5 月，肉制品车间通过对日出口注册；2001 年 12 月，双汇集团技术中心被评定为国家级技术中心；2002 年 2 月，与日本火腿公司合资成立河南万东牧业有限公司；2002 年 10 月，与杜邦合资成立杜邦双汇漯河蛋白有限公司；2002 年 12 月，唐山、宜昌双汇食品有限责任公司先后投产；2003 年 2 月，与日本吴羽、日本丰田合资成立南通汇羽丰新材料有限公司；2003 年 9 月，浙江金华双汇食品有限公司投产；2003 年 10 月，上海双汇大昌有限公司、内蒙古双汇食品有限公司投产；2003 年 12 月，双汇集团通过 ISO14001 认证；2004 年 4 月，广东双汇食品有限公司投产；2004 年 5 月，山东德州双汇食品有限公司投产；2004 年 7 月，阜新双汇肉类加工有限公司投产；2006 年 10 月，武汉双汇食品有限公司投产；2007 年，荣获中华人民共和国农业部颁发的中国名牌农产品；2008 年 4 月，望奎双汇北大荒食品有限公司投产；2008 年 7 月，哈尔滨北大荒双汇食品有限公司投产；2008 年，荣获中华人民共和国民政部颁发的中华慈善奖、农业部农产品质量安全中心颁发的无公害农产品证书、中国肉类协会颁发的中国肉类食品行业强势企业称号；2009 年 6 月，淮安双汇食品有限公司投产；2009 年 8 月，济源双汇食品有限公司、黑龙江宝泉岭双汇北大荒食品有限公司投产；2010 年 8 月，绵阳双汇食品有限责任公司新建项目投产。

在万隆带领下的双汇势头高涨，发展迅速。直到 2011 年 3 月，中央电视台曝光双汇瘦肉精事件[1]，这给双汇带来了不小的打击。2011 年 3 月 15 日，中央电视台新闻频道在"3·15"《"健美猪"真相》节目中指出，被喂有瘦肉精的生猪涉嫌流入双汇集团旗下济源双汇食品有限公司。于丑闻掀开的当天，双汇发展股价以跌停报收，买入的 56

---

[1] 武彩霞，赵瑞希.面对"瘦肉精"双汇"秀"味十足 [N].北京青年报，2011-04-24（2）.

只基金浮亏接近 20 亿元。2011 年 3 月 16 日起，双汇发展申请停牌一个月，双汇发展在肉制品市场的形象轰然倒塌。最初三个月里，双汇产品在消费市场几乎被判了"死刑"，仅半个月就影响销售额约 15 亿元。4 月 19 日复牌后，其又出现两个跌停，并在复牌后的数个交易日，股价暴跌接近 36%，几百亿市值灰飞烟灭。事发后，河南全省迅速对养猪场进行抽检排查，国家食品安全委员会办公室在当年就"瘦肉精"问题开展全国性的专项打击活动。险些"丧命"的双汇除了由董事长万隆躬身道歉、诚意保证，也及时作出每年花费超 2 亿元，进行一系列提高食品安全水平的改革决定，包括对进入双汇的每头生猪进行严苛的检测，向外界开放生产线参观等。回望该事件，它的冲击远不止于此。直到今天，消费者和媒体都对"瘦肉精"心有余悸。双汇发展的长期业绩虽然没有受太大影响，且在同年内有南昌、郑州双汇食品有限公司投产，但双汇的股价在 2011 年后低位横盘了七八年。

　　此后，双汇选择了"走出去"，进行海外并购，实现国际化。2013 年 9 月，双汇国际控股有限公司以 71 亿美元成功收购世界最大生猪养殖企业史密斯菲尔德集团；2014 年 8 月，双汇母公司万洲国际成功在香港上市；2014 年，双汇发展荣获福布斯 2014 全球最具创新力企业排行榜第 24 名；2015 年 8 月，双汇集团荣登《中国制造企业协会》主办的"2015 年中国制造企业 500 强"榜单，排名第 50 位；2015 年 12 月，郑州美式工厂正式投产，引进美国品牌 Smithfield；2016 年 7 月，《财富》世界 500 强榜单发布，双汇母公司万洲国际首度登榜，排名第 495 位；2017 年 8 月，双汇母公司万洲国际成功入选恒生指数成份股；2017 年，双汇品牌价值突破 600 亿元[1]；2018 年 9 月，双汇母公

---

[1]　品牌观察杂志社中国品牌价值 500 强评选组委会. 2017 第十一届中国品牌价值 500 强揭晓［EB/OL］.（2017-12-19）. https://mt.sohu.com/20171219/n525680218. shtml.

司万洲国际以全球营业额1512亿元入选中国企业500强[1]；2019年7月，双汇母公司万洲国际入选2019《财富》中国500强，居食品行业首位；2019年11月，双汇以品牌价值644.32亿元上榜第十三届中国品牌价值500强；2019年12月，双汇荣获"金奢奖"2019年度食品标杆企业，入选2019中国品牌强国盛典榜样100品牌；2020年8月，双汇非公开发行股票募集资金70亿元完善产业链和推动工业升级[2]。

直到此时，双汇似乎逐渐走出了阴霾，开始了新阶段的发展，或许即将迎来新的黄金发展20年，但结果真的会如期发展吗？

二、"一夕之间"状况频出

如此一个农产品生产龙头企业，却在2021年遭遇了业绩急速下滑。2021年上半年，双汇发展营收348.42亿元，同比下降4.14%，净利润为25.37亿元，同比下降16.57%[3]。造成业绩下滑的原因是多重的。首先，缺乏创新是老牌企业业绩发展最大的难题。有快消观察人士认为，双汇发展业绩下滑是必然的，在消费品日益升级的当下，双汇发展并没有把重要精力放在研发和创新上，反而热衷于分红，近三年分红占利润超九成[4]。其次，双汇面临"瘦肉精"风波，一度受到

[1] 刘天思，温超. 2018中国企业500强榜单在西安发布［EB/OL］.（2018-09-02）. https://www.cnr.cn/sxpd/sx/20180902/t20180902_524348445.shtml.

[2] 李季. 双汇发展募资70亿元：完善产业链 进一步提升自动化水平［EB/OL］.（2021-01-13）. https://baijiahao.baidu.com/s?id=1688753835160735601&wfr=spider&for=pc.

[3] 王思炀，祝凤岚. 双汇发展2021年上半年净利润下降16.57%［N］.新京报，2021-08-12.

[4] 沈右荣. 双汇发展经销商增3632家业绩反降 拿99%利润分红大股东落袋35亿［N］.湖北长江商报，2024-03-28.

不小的打击。但毋庸置疑的是，父子相争，丑闻频出，给了双汇更为致命的打击。

这一年，双汇发展董事长万隆与其儿子万洪建的"父子斗"将双汇发展推至风口浪尖[1][2]。2021年8月17日深夜，万隆之子万洪建对其父亲的一篇"控诉"文章被广为关注[3]，文中万洪建指责其父亲偷税漏税、包养情妇、违规关联交易等，其中，"违规关联交易"致双汇发展损失逾8亿元，利益输送、偷税漏税2亿美元备受关注。其中涉及的万洲国际现在是全球最大的猪肉企业，目前主营业务分为肉制品和猪肉两大板块。其前身为万隆创立的双汇，2013年双汇收购美国史密斯菲尔德后在中国香港上市。81岁的万隆身兼港股万洲国际和A股双汇发展两家上市公司董事长，如今52岁的儿子万洪建遭罢免、双方发生激烈冲突事件对商界的震动可想而知。这一次事件的爆发让许多业内外人士吃到了"大瓜"，看似突然，仿佛状况频出只在一夕之间，却早已埋下伏笔。

52岁的万洪建为万隆长子，其在双汇基层历练多年，1990年在河南广播电视大学毕业后，便进入了当时还未更名为"双汇"的河南省漯河市肉类联合加工厂中做一名熟食车间工人，14个月后，才转任双汇集团销售部北京办事处销售主任，后来，他相继担任双汇集团外贸处副处长、罗特克斯副总经理、国际贸易部总监。直到2015年，万洪建才被提拔至万洲国际，2016年，万洪建进入万洲国际核心管理

[1] 王嫱.双汇上演"宫斗"戏："废太子"指控老爸偷税漏税、与女秘书姘居……股价暴跌[EB/OL].（2021-08-19）. https://new.qq.com/rain/a/20210819A02LRJ00.

[2] 涂端玉，张文卓.双汇董事长万隆被长子实名举报 猪肉巨头市值一天蒸发超百亿元[N].广州日报，2021-08-19.

[3] 万洪建.我眼中的父亲和万隆[EB/OL].（2021-08-17）. https://mp.weixin.qq.com/s/8d12LveQJJk31iPMjeN5Nw.

层，当年，他担任万洲国际副总裁，负责国际贸易业务。

2018 年，万洪建与弟弟万宏伟同时进入双汇集团核心管理层，万洪建获委任为万洲国际执行董事，随后成为董事会副主席。万宏伟被任命为万洲国际董事长助理及双汇发展副董事长。可以看出，彼时万洪建的职位是明显高于弟弟的。在当时，万洪建获委任为执行董事与董事会副主席，副总裁、执行董事、董事会副主席，身兼三职，身居核心决策层职位，这也被外界视作"接班人"的信号[1]。

但是 2021 年 6 月 17 日，猪肉食品龙头企业也是双汇的母公司万洲国际发布了一则罢免公告：万洪建因"对公司财物做出不当攻击行为"被万洲国际董事会免去执行董事及副总裁职务等在内的所有公司职务[2]，被外界视为废除接班人资格。

据《第一财经日报》2021 年 7 月 16 日报道，被免职近一个月后，万洪建在朋友圈发文称，2021 年 6 月 3 日，在万隆办公室谈到一个高管任职问题，他提出了自己个人的建议，与万隆意见相左，被万隆训斥。万洪建情绪激动，以拳头砸向靠墙的房门，用头撞击玻璃墙柜，宣泄心中愤懑。随即被保镖等人摁倒在地，满头血迹，万隆要求拍照取证[3]。

2021 年 8 月 12 日晚间，万洲国际公告称：双汇创始人万隆正式辞任万洲国际行政总裁。然而，继承者仍然不是长子万洪建，而是执行董事郭丽军。此外，万隆次子万宏伟接替哥哥万洪建担任万洲国际董事会副主席。在业界看来，万洲国际的此番高层人事变动，无疑是

---

[1] 安曼.突发！中国"猪肉大王"长子被免职［N].中国基金报，2021-06-18.

[2] 肖玮，王进雨.对话双汇"太子爷"万洪建：父子"积怨"8 年前埋下，我曾三度辞职［N].新京报，2021-07-17.

[3] 吴羽.惊呆！千亿巨头"太子爷"自曝被罢免细节：满头血迹被保镖摁倒［N].中国基金报，2021-07-17.

加大了万宏伟成为未来万隆"接班人"的可能性[1]。万隆的接班人选呼之欲出，但万洪建似乎已经出局了。

2021年8月17日深夜，公众号"新肉业"发布了一篇题为《我眼中的父亲和万隆》的文章，该文的署名正是万洪建，一石激起千层浪，大多数人猜测，这是在接班继位上发生了不可调和的矛盾。

2021年8月18日中午，万洲国际发布公告，回应万洪建此前发表的署名文章，称其对公司和董事长万隆的指控不真实且有误导性，并保留向万洪建及对指控需负责的人士采取法律行动的权利。

2021年8月20日，双汇股价最低跌至每股23.73元。而父子交恶，导致内幕迭出，让双汇雪上加霜。据万洪建爆料，万隆以及他的两家公司存在不少问题，包括涉嫌偷税漏税、利益输送、化公为私、强取豪夺等问题。此外，万洪建还揭露家丑，万洲国际股价暴跌10%，市值已经蒸发超100亿港元，双汇发展更是持续暴跌，累计蒸发市值远超百亿元。对此，万洲国际（00288.HK）发布公告称，其董事会已经注意到近期公司股票价格下降和成交量增加，也注意到若干媒体报道有关万洪建提出的指控。万洲国际董事会澄清称，"本公司保留向万洪建先生及／或对指控需负责的人士采取法律行动的权利"。

2021年8月23日中午，万洲国际再发布公告，针对近期市场上的一系列舆论，一一做了回应，内容涉及万洪建指控五大焦点问题。回应质疑后，万洲国际午后开盘小有拉升，随后小幅反弹。

目前，万隆虽然辞去了行政总裁职务，退出经营一线，但还担任万洲国际执行董事、董事会主席、提名委员会主席、食品安全委员会主席及风险管理委员会主席等要职，仍然是双汇的实际掌舵人。在市

---

[1] 郭秀娟，王晓.父子恩怨！双汇接班人意外是他？被废长子对弟弟明显话里有话……[N].北京商报，2021-8-13.

场看来，此次万洲国际的人事大变动似乎已经尘埃落定，但这样的人事布局能够维持多久，暂时还不能断言。分析人士称，在万洲国际，万隆拥有绝对话语权，属于一言九鼎。

在此事件后，双方各执一词，无论真相是什么，都已经将双汇发展推上风口浪尖，同时，也让外界看到这个企业不可忽视的内外交困问题。

第二节　双汇案例分析

一、突然罢免继承者的后果

　　双汇董事长万隆被自己的儿子（万洪建）在网络上声讨[1]，爆出了大量内幕，双汇发展、万洲国际的股价大跌。双汇这次传继者之争引发的剧烈震荡，给不少企业敲响了警钟。就像查理·芒格说的："聪明人从别人的失败中吸取教训，愚蠢的人才从自己的失败中吸取教训。"那么，双汇这一次的事件到底警醒了我们什么？

　　首先，万洪建为何爆出大量内幕？毕竟这算是与自己的父亲撕破脸皮、彻底决裂。根据前文对于事件的时间线梳理，我们不难发现，这源于 2021 年 6 月，万隆将万洪建赶出公司。万洪建被免职后发文《我眼中的父亲和万隆》，其中涉及大量内幕，且其先后接受采访、发朋友圈等也公开了万隆与企业的许多信息，其中自有深意。无论是出于好意的规劝，还是出于恶意的"我得不到的就毁掉"，或者其他一些目的，万洪建的爆料造成的影响都是巨大的。父子反目，导致不可收拾。这也在一定程度上警醒着所有的家族企业，代际传承的过程中，继承者的确定和废止，都需要再三斟酌。事实上，家族企业的传

---

[1]　万洪建. 我眼中的父亲和万隆［EB/OL］.（2021-08-17）. https://mp.weixin.qq.com/s/8d12LveQJJk31iPMjeN5Nw.

承像极了封建王朝里王位的传承，企业的创始人如同开国皇帝，继承者如同太子，一旦立下太子，那么便不能轻易更改，否则有可能引发流血事件。因此，在古代，历朝历代对太子的废立，慎之又慎。

而若以此作比，将诸多封建王朝的剧情照进现实，来看双汇这一家族企业，可以发现双汇父子相争的事件中，先有万洪建身兼三职，身居核心决策层职位，被外界视作双汇"立太子"，后有万洲国际发布关于免去万洪建执行董事及副总裁职务等在内的所有公司职务的公告，被外界视作双汇"废太子"。这"一立一废"也不过短短三年，但万洪建在双汇打下的基础不仅是这三年的积累，还有自 1990 年起从基层到中高层的经验、人脉的累积，在他之下的"门客"也不知聚了多少，而他与父亲万隆的冲突也绝不是一朝一夕就能形成。一则任免之下是多年冲突累积的突然爆发，也必将掀起一场"血雨腥风"。老话说"泥人还有三分脾性"，多年隐忍之下的"太子"万洪建做出最后一击似乎在大家的意料之中。当然，这最后一击，肯定是要有一定事实根据的，不然在这个关口之下，"太子"也不会傻到拿"身家性命"来做一场倾天豪赌。至于这事实根据，我们不妨看看《我眼中的父亲和万隆》一文如何展开[1]。

"万隆曾是我心中神明一般的父亲"，文章开头似乎还在讴歌父亲，但一个"曾"字就已经足够意味深长，而文章标题也早将"我眼中的父亲"与"万隆"割裂开来，前者是历经艰难困苦，步步荆棘的老强人，而后者是他要揭发的那个人。

"你们都年轻，听到的不过是故事，而我作为亲历者，更知道老强人一步一步走来的艰难困苦，步步荆棘。老强人一手缔造了两个上市企业，其中一个，是他在漯河与上千位漯河精英，在一起奋斗中创立的双

---

[1] 安曼.突发！中国"猪肉大王"长子被免职［N］.中国基金报，2021-06-18.

汇，另一家千亿企业，它叫万洲。"正如万洪建所说，万隆不仅是狠人、恶人，更是一个能人，作为双汇的精神领袖带领双汇不断发展、突破，闯过了很多的风浪，包括此前备受关注的"瘦肉精"事件。10年前，央视曝光双汇"瘦肉精"事件，导致双汇损失惨重，品牌严重受影响，股价暴跌。为此，万隆召开万人职工大会，向消费者道歉，双汇很快就从"瘦肉精"事件中走出来，实现更快速的发展。此时的万隆也的确还是万洪建所崇拜的老强人父亲。"咱没做过坏事，咱不怕！"从这一句话开始，后文讲述了万洪建所知道的多个"内幕"，对万隆个人做派及隐私情况进行了曝光，呈现出一个不被大众熟知的万隆。

与此同时，双汇老板万隆有几个儿子再次引起大众注意。万隆，1940年9月出生，河南漯河人，1991年5月获得河南牧业经济学院（先前为河南商业专科学校）商业管理专业证书，1999年7月获河南省经济系列高级评审委员会颁发高级经济师专业资格；大专文化，中共党员，高级经济师，高级政工师；双汇集团创始人，被称为中国肉类工业教父，是中国肉类品牌创始人；现任万洲国际有限公司董事局主席，双汇发展董事长。众所周知，万隆有两个儿子，长子是万洪建，次子是万宏伟。长子万洪建，1990年毕业于河南广播电视大学，曾任万洲国际执行董事、副总裁。次子万宏伟，1973年出生，本科学历，香港居民，现任万洲国际公司执行董事兼董事会副主席。可见万隆的儿子不止万洪建一个。在双汇创始人万隆正式辞任万洲国际行政总裁后，继任者是原执行董事郭丽军，而万隆次子万宏伟接替哥哥万洪建担任万洲国际董事会副主席，这波人事变动也被市场解读为万隆"废长立幼"。

提及与父亲万隆的冲突，万洪建坦言，导火线在于CEO的人选问题。万洪建指出："我希望在后万隆尾期，CEO的人选要有德，可以服众；有可以驾驭双汇各项业务的综合能力，最好可以稳定跨越十几年，实现万洲国际的平稳过渡。"在万洪建看来，"郭丽军与万隆制定的双汇'十四五'规划，是我们之间的一个分歧点"，其中空洞地指出"双汇肉制品的销量在 2021 年应达到 170 万吨"，"制定规划的依据来源实在荒谬"。郭丽军是万洲国际的老员工，在双汇工作约 20 年，担任万洲国际 CFO 多年。万隆坚持选此人，确实和儿子之间存在意见不统一。

然而，2021 年万洲国际发出人事任免公告，万隆已辞任行政总裁，接棒他担任行政总裁一职的，正是执行董事、前首席财务官郭丽军。至此，一场继承者人选的拉锯战和风波落下帷幕，而其影响却仍在持续发酵。

双汇事件下，暴露的不仅仅是一个企业的问题，更是许多家族企业面临的共同问题。无疑地，家族企业事业传承是一个持续的过程。双汇的利益相关者在这个过程中，态度也发生着变化。万洪建曾获委任为双汇副总裁、执行董事、董事会副主席，身兼三职，或许彼时的万隆的确有过传位于这个长子的想法，可此时万洪建早已成为"废太子"。这中间或许是万隆不愿意交权，毕竟万洪建曾直指万隆"要放下心中的权魔"；又或许是父子二人的冲突在日积月累当中渐渐加深，导致了传承意愿的变化；抑或是两人的管理理念、思想观念，以及对于市场的看法的确冲突，彼此对于双汇的长远发展想法不一致。其中的许多细节我们不得而知，但经历过这次事件的洗礼，相信国内更多企业会对家族企业事业传承产生更多的重视和思考，必会对继承者的确定和废止慎之又慎，并且做出更多妥帖的安排。

二、放任代际冲突的必然

双汇父子相争，致使家族企业传接走向分裂的剧情，暴露了家族企业的症结，揭开了家族企业事业传承的一大问题——代际冲突。而父子反目，权力相争真的是家族企业迈不过的坎吗？

由于中国家族企业发展的特殊性，现在大多数家族企业正处在交接班时期。家族企业的传承者和继承者由于成长环境、教育背景、知识结构和处世态度等方面的差异容易导致认知分歧，从而在传承计划、传承要素、管理方式等问题上容易引发冲突（李卫宁等，2018）。家族企业的传者一般吃苦耐劳、敢于拼搏，他们不希望下一代人再吃苦受罪。在优越的环境下成长的下一代往往难以对父辈创业的艰辛感同身受、产生共鸣，两代间的冲突时有发生，这也将对家族企业代际传承的结果和效果产生巨大的影响。

那么，家族企业代际传承中的冲突到底是什么？有研究者指出，冲突是指有关各方认识上的差异、愿望上的不相符或欲望上不可调和的意识（Boulding，2018）。Jehn（1997）提出的冲突理论被广泛接受并运用在家族企业冲突研究中，组织内冲突被分为任务冲突、关系冲突和过程冲突。任务冲突是在涉及团队事务处理上小组成员的观点和意见不一致时产生的，无关于人际交往中负面情绪的冲突。关系冲突是指一种人际不相容的意识，包括感觉上的紧张和摩擦等情感成分，涉及一些如团队成员之间的不喜欢及烦恼、挫败等感觉的个人问题。过程冲突被定义为一种对如何完成任务的认识争论，涉及责任和资源如何授权的问题。由于企业和家庭的中心不一样，两种角色系统的不断交互造成家族企业冲突频发（Miller and Rice，1988）。家族企业的冲突主要源于企业、家庭和外部利益相关者，在家族企业传承过程中还存在亲子间、子辈间、"少主"与"老臣"间、大股东与经理人间的四种冲突，这些冲突可叠加且互相影响。这在双汇事件暴露出的细节中可见一斑，双汇事件背后，家族企业最大的冲突便是存在于万隆和万洪建这一亲子间的冲突，概括地讲可以称为代际冲突，具体而言是表现在"传继意愿"上的冲突。

围绕家族企业传承所引发的冲突和家族企业的其他冲突有着根本的区别。双汇事件中，万隆与万洪建的冲突显而易见，一方面是家庭，另一方面是公司，两者间都有着许多矛盾的地方，比如对于企业的未来规划、企业高管的确定等。两者之间冲突的大爆发也是在于万隆不愿意将企业传给万洪建，但万洪建似乎想要尽快接手企业，两人没能达成一致意见，导致后来分崩离析。如此，从传承过程视角来研究传承者和继承者间的冲突焦点及管理策略，显得十分重要且必要，因为传承过程中的代际冲突，不仅会影响家族企业的传承进程，还可能导致父辈辛苦打拼下来的事业毁于一旦。

无论是双汇的经验教训，还是相关研究者的理论研究与相关企业的实践经验，无一不在表明家族企业中的冲突对于家族企业的巨大影响。冲突会使组织成员感到焦虑和压抑，容易导致成员把时间和精力耗费在继续斗争或解决冲突上，从而影响企业经营绩效。尽管有很多研究表明适当的组织内冲突有助于提高企业绩效，过度的冲突才会对企业绩效产生负效应。有学者将家族企业内部冲突划分为关系冲突、任务冲突、过程冲突，并认为这三种冲突普遍存在于家族企业中（Kellermanns and Eddleston，2004）。任务冲突和过程冲突对家族企业绩效的影响呈倒 U 形曲线关系；关系冲突则负向影响企业绩效。从长远来看，只要冲突存在的时间足够长，不管是过程冲突还是任务冲突都将对企业绩效产生不利的影响（李卫宁等，2018）。家族企业传承中的代际冲突是必须调适或解决的，否则将不利于家族"基业长青"，尤其是在"家和万事兴""以和为贵"等中华民族传统文化的影响下，合理协调家族企业内部冲突对传承的顺利进行和企业绩效的提升均有利。

早期对于家族企业传承的研究多把传承看成一个独立的事件，传承者作为家族企业传承过程的主导，对传承决策有着绝对的话语权，当其生病或逝去，继承者顺势接手企业，传承会自然发生。随着研究的逐渐深入，越来越多的学者意识到传承并不是一个简单的事件，尤其是对于家族企业来说，要想成功继任，很多工作应始于后代接管家族企业的很多年之前，这对于企业来说是一个长期的战略过程。实际上，家族企业中的代际冲突是一种过程性、长期性和动态性的冲突，是一个双方互动演化的过程，不能将代际冲突完全等同于组织内冲突，更不能简单以关系冲突、任务冲突和过程冲突来分类，需要根据不同传承阶段的冲突特征及冲突演化过程进行更加深入的探讨（李卫宁等，2018）。

随着对于家族企业代际冲突的研究更加深入，意愿冲突也成了家族企业研究中被普遍认可的一类冲突。传承意愿冲突是指传承者和继承者对于"是否传承"方面的意愿不一致，会导致不合作一方对传承事件的抵触，从而在萌芽阶段就会阻止传承的继续进行。若双方对冲突进行了适当的调适，则将发生认知融合从而使他们对于"是否传承"的意见达成一致，传承顺势进入下一阶段，或就此停止（某一方放弃传承）。家族企业不仅仅是家族成员生产经营的场所，更是企业家精神的寄托，企业的创立和经营凝聚着他们的汗水和心血，权威的失落感和空虚感往往让他们不愿面对事实。如果代际传承中传承者没有真正的交班意愿，那么代际权力成功转移的概率也将非常小。在传承者的眼中，完全放手或辞职代表着面对清闲和失落，以及随着继承者继任而带来的生活方式和管理方式的改变。

家族企业代际传承的过程当中，传承者的传承意愿与其继任者的继承意愿并非天然契合，在众多家族企业中二者往往存在分歧（陈怡欣和靳瑞杰，2023），并且可能存在不同步的动态变化。传承者的传承意愿可能会从愿意传承变为不愿意传承，此时继承者愿意继承的话，两者就会产生冲突，进而可能带来不利影响。当面对家族企业代际传承中的传承意愿冲突时，传承双方应积极采取策略管理冲突，具体为传承者的引导策略和继承者的自我证明策略。

在家族企业代际传承的共同管理阶段，传承者和继承者面临最多的冲突是管理认知冲突，主要表现在工作习惯、管理理念、企业目标的制定等。管理认知上的差异不仅有碍于传承双方的日常相处，更不利于共商企业发展之事，严重的则会导致传承某方先放弃自己的传承决定，传承因停止而失败。和谐的团队氛围对组织的发展意义重大，沟通的有效性在自由、平等的环境中更容易体现，传承双方的认知也能够通过不断的信息交互进行融合，形成更加亲密的同事加亲人的特殊关系。在共同管理阶段，传承者要采取控制策略，明确共同管理者之间的任务分工和责任，同时建立有效的激励机制并营造良好的团队氛围，在把握企业整体战略发展方向的同时，又要和传承者有效沟通以充分发挥其主观能动性；而继承者在这一阶段，应采取一定的柔性策略。继承者一方面要肯定传承者在企业管理上的丰富经验和人生阅历，在双方的交互中懂得变通，另一方面也要创造和谐的内部氛围并和传承者充分交流，用传承者能接受的方式表明自己的观点，争取得到传承者对自己的认同。

在家族企业代际传承的核心权力转移阶段，摆在传承者和继承者面前的是企业经营权的转移冲突。家族企业传承中最大的问题是传承者不愿放手，因为随着继承者的逐渐强大，他会感到在家庭和企业双重角色下的权威失落。传承者不愿放手的状态会严重影响继承者能力的施展，拖慢家族企业传承进程。但不得不说，很多失去领导力角色的传承者都将经历一段漫长而难熬的岁月，这时就需要子女在情感上多给予关怀，尽管父代已经离任，但管理企业的经验和知识是永远存在于他们脑海中的，子代在管理企业的时候还是应该多征求他们的意见和看法，以满足父代在家族企业上的存在感，同时要不断提高自身的管理能力并给予传承者相应的承诺以期提高他们的放手意愿。传承者也应该理性地面对现实，允许继承者进行试错，并接受他们可能会以不同但有效的方式管理企业。

代际传承是一个受多种因素影响的复杂过程，传承者和继承者代际关系的发展也受到诸多因素的影响，这些影响因素既包含宏观的文化差异和制度背景，也包含微观的家族环境以及个人性格、职业经历等企业主和接班人的个人特征。在传承过程中，代际冲突是不可避免的。代际关系的和谐使得传承者和继承者进入紧张关系的情境减少，焦虑降低，沟通和协商更易于进行。在传承过程中，结合传承者和继承者的生命周期，每个阶段传承者和继承者的代际关系都有一些具体的表现，呈现出与其他阶段不同的特征，两代都需要完成一些独特的任务以实现代际间知识的流动和权威的转变。而双汇事件的爆发，归根结底还是万隆与万洪建之间的代际冲突长期存在，无论是家庭还是公司方面，在一些意见或者意愿方面，两者之间都有着冲突，并且冲突本身未能得到正视和有效解决。

最后，民营企业在媒体中的曝光率较低，也出于"家丑不可外扬"的文化传统，代际冲突很少对外公开，此次双汇事件若非"废太子"一事太过突然，或许也不会造成如此严重的后果。在崇尚"家和万事兴"的中华文化影响下，认识和解决家族企业的代际冲突对确保家族企业的薪火相传和民营经济的健康发展也都有着一定的现实意义。当然，家族企业也是我国非公有制经济的重要组成部分，推动家族企业的顺利传承与健康发展对国民经济发展和国家现代化建设都有着一定的实践意义。

第三节　双汇事业传承总结与评价

一、双汇事业传承总结

双汇父子反目，一定程度上是权力相争的结果，是家族企业代际冲突的一种表征。通过这件事，我们也可以发现，一些家族企业在交接班之际，不能很好地处理利益关系，难以实现平稳过渡。需要明确的是，家族企业内部发生的矛盾与分歧，要由家族企业内部解决，需要避免让传继双方的代际冲突影响家族企业的传承。在双汇的案例中，我们不难发现家族企业的传继双方产生了代际冲突，传承者不愿意传，但继承者有强烈的接任意愿，因此产生了传—继意愿不一致的冲突，进而引发了权力相争。而两者的冲突最终爆发到不可调和的阶段，是偶然也是必然。一方面，作为传承者的万隆并没有正视儿子的继承者身份，尊重其角色，才会出现继承者说换就换；另一方面，作为继承者的万洪建没有做好与父亲万隆的沟通，对父亲有敬有畏，少了些将不同意见以更合理方式与父亲沟通的过程。

在家族企业代际传承的过程当中，相互尊重是代际和谐的基础，沟通是解决问题的良方。家族企业传承过程中的代际冲突是客观存在的事实，两代人都应当正视这一事实。旧的冲突消除，新的冲突又将产生，在传承过程中，要消除代际冲突是不太可能的，代际冲突也并不总是消极的、有害的。只要两代人抱着共同促进家族企业发展的愿景，主动进行沟通，代际冲突是可以弥合的，并最终成为促进家族企业顺利传承的重要经历。相互尊重是企业主和接班人有效沟通的基础，虽然父辈在家庭中拥有较高的权威，但这并不妨碍两代人拥有平等表达意愿的权利。传承者应当充分尊重子女的意愿，继承者也应当体谅父母的苦心。职业经理人作为协调者，有利于和谐代际关系的构建。

事实上，国内很多家族企业，尤其是规模较大的家族企业，都已经不再是完全依赖于"子承父业"的传承模式。这在一定程度上避免了父子两代发生冲突且不可调和的状况，职业经理人作为家族成员以外的辅佐大臣，可以更客观地以企业利益作为出发点，有效缓和两代之间的矛盾，有利于家族企业和谐代际关系的构建（李卫宁等，2015）。

二、双汇事业传承评价

针对双汇发展和万洲国际此次风波，走到这一步，传继双方都没有做到相互尊重与理解。无论是对家族企业还是对当事人，都没有实现"赢"，对其他利益相关者也带去不小的负面影响。对家族企业来说，相当于把自己深层次的分歧和弱点暴露出来；对当事人来说，无论分歧方处于什么地位，都会影响到其内部管理的权威及有效性；而对于股民来说，双汇父子反目给股市带来了动荡，给股民造成了巨大的损失。

首先，对企业而言，万洪建爆出多个相关丑闻，企业被推上风口浪尖，口碑一路下滑，同时多方面因素共同作用，导致营收与净利润连续下滑。港股上市的万洲国际，在2021年，核心净利润7.85亿美元，同比下跌11.8%。双汇发展方面，2021年上半年的报告显示，公司营收与净利润增速近三年来首次出现双降。期内实现营业收入348.42 亿元，同比下降 4.14%；归母净利润为 25.37 亿元，同比下降16.57%。第三季度，双汇发展营收 161.16 亿元，同比下降 16.84%；归母净利润 9.16 亿元，同比下降 51.73%[1]。

其次，对传继双方的个体而言，万洪建最终被迫离开，企业的所有权和经营权都没落在他手里，他得到的除了一时泄愤的情绪再无其他；而万隆的种种丑闻也必将影响其在公众面前的可信度和在企业中的权威性，如果再来一次"瘦肉精"类型的事件，其局面或许会难以收场，万隆的鞠躬致歉、承诺与保证也将难以让消费者买单。

最后，双汇的众多利益相关者在本次传承风波下各有得失。双汇创始人万隆正式辞任万洲国际行政总裁后，执行董事郭丽军继任；此外，万隆次子万宏伟接替哥哥万洪建担任万洲国际董事会副主席。这两人或许是事件后的最大赢家，但对他俩而言，这份接力会有何种结果，倒也不得而知。但双汇带来股市动荡，许多股民为之买单，反而成了又一输家。

此次事件也再次给家族企业敲响警钟，处理好家族企业代际传承问题，才能实现长远发展，从根本上避免类似风波给企业造成重创。家族企业的事业传承需要更充分的准备、长期的规划和更严格的执行，传继双方也需要更多的尊重理解与沟通，在传—继意愿上达成一致，否则必会产生不良的结果。

---

[1] 张君花，张函.父子内斗、车间"恶臭"……双汇 11 年前"瘦肉精"被挖.北京商报，2022 年 3 月.

本章参考文献

［1］Boulding K E. Conflict and defense: A general theory [M]. Pickle Partners Publishing, 2018.

［2］Jehn K A. A qualitative analysis of conflict types and dimensions in organizational groups [J]. Administrative Science Quarterly, 1997, 42 (3): 530–557.

［3］Kellermanns F W, Eddleston K A. Feuding families: When conflict does a family firm good [J]. Entrepreneurship Theory and Practice, 2004, 28 (3): 209–228.

［4］Miller E J, Rice A K. The family business in contemporary society [J]. Family Business Review, 1988, 1 (2): 193–210.

［5］陈怡欣，靳瑞杰. 家族企业交接班意愿与企业社会责任［J］. 山西财经大学学报，2023（6）：85–98.

［6］李卫宁，韩荷馨，吕源. 基于代际关系视角的家族企业传承机制：以三个中国家族企业为例［J］. 管理案例研究与评论，2015（3）：199–209.

［7］李卫宁，张妍妍，吕源. 家族企业传承过程中的代际冲突：基于三个家族企业的案例研究［J］. 管理案例研究与评论，2018（1）：74–88.

chapter nine
第九章

大亚圣象：兄弟阋墙，家族内耗暗藏的危机

创始人的意外离世，迫使大亚圣象的二代接班人仓促上任，随之而来的是一系列家族传承中需要面对的问题。大儿子与二儿子之间的权力纷争使公司陷入了家族内斗的旋涡之中，公司归属一度扑朔迷离。在此期间，高管频频离职使公司高管团队无法稳定，长期的高层动荡影响了公司治理，最终使这艘行业巨舰触礁。"攘外必先安内"，要做到家族和谐、内部稳定，对家族企业来说是一个艰难的课题。

第一节　大亚圣象案例介绍

由陈氏家族掌舵的大亚圣象，曾因其创始人之子陈建军与陈晓龙之间的公司控制权之争，深陷家族内斗，上演了抢夺公章、诉诸公堂等戏码，最终戏剧性地收场。这场家族内斗改变了大亚圣象的走向，其两任掌门人的相继离世，反映了家族企业事业传承这一课题的急迫性和必要性。

一、创始人意外离世，家族企业谁来继承？

大亚圣象是我国木地板、人造板双龙头企业，其产品一直引领着行业创新。公司旗下拥有"大亚"和"圣象"两大品牌，在两大品牌的加持下，其母公司大亚集团多年跻身于中国民营企业500强[1]，创始

---

[1] 中华全国工商业联合会. 2023中国民营企业500强榜单［R/OL］.（2023-09-12）. https://www.acfic.org.cn/ztzlhz/cwhy131_8869/2023my5bq_05/202309/t20230912_195766. html.

人陈兴康本人也一度被称为"木业首富"。大亚圣象的股权结构如图
9-1 所示。

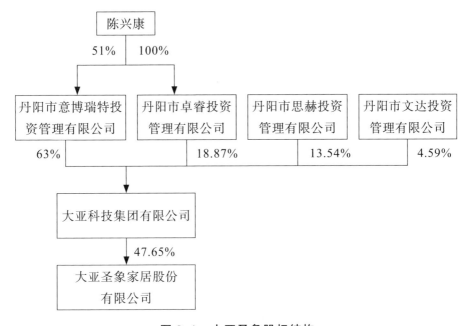

图 9-1　大亚圣象股权结构

资料来源：作者整理所得[1][2]

出生于 1947 年的陈兴康，身上带着深刻的时代烙印，凭借艰苦
奋斗、吃苦耐劳、敢闯敢干的精神，以过人的胆识和魄力，将一家举
步维艰的农机抛光厂发展成了涵盖多项业务的庞大"商业帝国"，带
领大亚圣象成为中国当之无愧的"地板大王"。

1978 年，陈兴康本着为父老乡亲谋个"好生计"的思想，毅然放弃
"铁饭碗"回到老家丹阳县（今丹阳市），接手了当时濒危的农机抛光厂，

［1］　大亚科技股份有限公司董事会.大亚科技股份有限公司 2014 年年度报告［EB/OL］.
（2015-03-24）. https://static.cninfo.com.cn/finalpage/2015-03-24/1200730486.PDF.

［2］　吴凡，张海妮.大亚圣象控股股东现家族内讧：兄弟阅墙、母子反目［EB/OL］.
（2019-07-15）. https://www.nbd.com.cn/articles/2019-07-15/1354293.html.

加入中国第一波创业浪潮中。这个名叫丹阳县埤城城南农机抛光厂的村办企业，成为陈兴康白手起家的起点，也是大亚集团事业的开端[1]。

陈兴康并不满足于小小的村办企业。为扩大事业版图，他想引进英国造价约一亿元一条的生产线，根据当时的规定，这条生产线只有国有企业才能引进，1987年，在政府的支持下国营丹阳铝箔厂成立，陈兴康如愿拿下英国政府贷款。1993年陈兴康成立了江苏大亚集团，随后，目光如炬的他将视线投向了资本市场。1999年，由大亚集团控股，当时还叫"江苏大亚新型包装材料股份有限公司"的大亚圣象在深交所成功上市，成为镇江市最早的上市公司。

敢闯敢拼的陈兴康，在大亚集团已是国内铝箔产业的一枝独秀的情况下，将目光再次转移，瞄准了木业领域。2002年，在陈兴康的带领下，大亚与地板行业领军者——圣象，成功组建战略联盟，正式进入木地板生产销售领域[2]。当初的一个举步维艰的乡镇小厂经过多次的创业和转型，已经发展成为一个庞大的商业帝国，连续多年稳坐国内家居行业头把交椅。

天有不测风云，2015年4月28日，陈兴康因意外摔倒抢救无效突然离世，享年70岁[3]。陈兴康带着"一个人来到这个世界总要干点什么"的朴素思想，临危受命返乡创业，穷尽一生心力和智慧创造了大亚伟业。作为企业创始人，他的突然离世也让公司失去了"领头羊"，影响了这个市值百亿元的企业发展，也改写了这个家族的故事走向。

---

[1]　丹阳市史志办.江苏省乡镇企业家：陈兴康［EB/OL］.（2021-03-19）. https://www.danyang.gov.cn/danyang/gsmr/202103/a1f017d70a4d4e0b99f35ede46aa3896.shtml.

[2]　同上。

[3]　大亚科技股份有限公司董事会.关于公司董事长逝世公告［EB/OL］.（2015-04-29）. https://static.cninfo.com.cn/finalpage/2015-04-29/1200930849.PDF.

　　大亚集团凝聚着陈兴康的毕生心血。突如其来的意外让这位实业家就此止步。在意外面前，家族企业接班人问题急切地被提上日程。然而，陈兴康在公司大小事务都亲力亲为，并未对接班人的选定、培养等事宜做出安排。由于家族企业代际传承过程的复杂性，预先进行有计划的管理对企业的成功延续至关重要。陈兴康的这一疏忽，为日后的家族内斗埋下了隐患。

　　陈兴康与妻子戴品哎共育有三名子女，分别是女儿陈巧玲、大儿子陈建军、小儿子陈晓龙。由于生前未立遗嘱，公司的股权分配只是按照《婚姻法》和《继承法》进行分配，由遗孀戴品哎继承一半的遗产，剩余一半由戴品哎及其子女共同平均分配。最终戴品哎持有意博瑞特 31.875% 股权和卓睿投资 62.5% 股权，三兄妹各自分别持有意博瑞特6.375% 股权和卓睿投资12.5% 股权[1]。由于没有提前做好传承安排，接班人问题仍然悬而未决。戴品哎年岁已大且退休多年，女儿陈巧玲一直在江苏银行丹阳支行供职，不曾参与过企业经营管理，大儿子陈建军也没有进入家族企业工作过，其任职于丹阳市对外经济贸易委员会。小儿子陈晓龙 2002 年开始进入公司，担任过大亚控股（香港）有限公司的董事和总经理、大亚集团财务总监助理的职位[2]，但是没有在集团核心岗位任职过[3]。

［1］ 江苏世纪同仁律师事务所.关于戴品哎女士、陈巧玲女士、陈建军先生及陈晓龙先生继承公司原实际控制人陈兴康先生相关股权事宜的专项核查法律意见书［EB/OL］.（2015-08-28）. https://static.cninfo.com.cn/finalpage/2015-08-28/1201509731.PDF.

［2］ 大亚科技股份有限公司董事会.大亚科技股份有限公司 2015 年年度报告［EB/OL］.（2016-03-29）. https://static.cninfo.com.cn/finalpage/2016-03-29/1202088109.PDF.

［3］ 张家振，刘万里.大亚集团内讧记：兄弟反目股权失衡遭遇家族继承难题［EB/OL］.（2019-09-05）. https://finance.sina.com.cn/chanjing/gsnews/2019-09-05/doc-iicezzrq3740280.shtml.

为应对危机，陈氏家族进行了家族内部商议，戴品哎与其三子女签署《一致行动人协议》，约定在公司重大事项和决策中采取一致行动，如果四方难以达成一致意见，则由戴品哎按照其意见决策并执行，四个人成为大亚集团、大亚圣象的共同实际控制人。陈晓龙出任大亚集团和大亚圣象董事长，掌管上市公司[1]，陈建军出任圣象集团总裁，深耕地板业务[2]。

由此，四位核心家族成员在共识之下，形成了较为稳定的家族企业治理关系，大亚集团和大亚圣象正式进入了家族二代治理的时代。

二、兄弟阅墙，家族内斗

大亚圣象在陈兴康去世后的三年间，在兄弟二人的努力下这艘才失去老船长的大船行驶得还算安稳，在经过创始人突然离世的打击后，公司已经开始逐步重回正轨。然而，这种平静安稳状态的背后却是暗流涌动。

在之前的家族会议中，对陈建军和陈晓龙二人的公司控制权分配进行了约定。陈建军一方表示，根据家族会议约定，集团董事会每届任期三年，"三年一轮换"，而陈晓龙则对此说法不甚赞同[3]。

2018 年，恰逢传言中的"三年一轮换"的董事长轮换时间节点，当时是陈建军走马上任之时，权力的交接并未如期进行。母亲戴品哎

［1］ 大亚科技股份有限公司董事会.大亚科技股份有限公司 2015 年年度报告［EB/OL］.（2016-03-29）. https://static.cninfo.com.cn/finalpage/2016-03-29/1202088109. PDF.

［2］ 吴凡，张海妮.大亚圣象控股股东现家族内讧：兄弟阅墙、母子反目［EB/OL］.（2019-07-15）. https://www.nbd.com.cn/articles/2019-07-15/1354293.html.

［3］ 张家振，石英婧.大亚圣象董事长车内突发疾病离世 家族"内斗"或已翻篇［EB/OL］.（2020-06-02）. http://www.cb.com.cn/index/show/zj/cv/cv13488261266.

似乎察觉到了当下的波涛暗涌，她选择了支持大儿子。2018年7月6日，在镇江公证处的公证下，戴品哎将其持有的意博瑞特和卓睿投资的大部分股权依法转让给了大儿子陈建军[1]。此次股权转让后，陈建军成了大亚集团的控股股东，拥有绝对的话语权。然而，天平的失衡让兄弟俩之间的矛盾进一步激化。在母亲将股权转让给大儿子不久后的7月19日，由陈晓龙召集和主持的董事会上，包括其姐夫眭敏在内的五名董事通过了提议解除陈建军担任的公司董事等职务的决议。这项提议中唯一的反对票是陈建军本人所投[2]，其被迫离开董事会，这意味着陈建军在公司被彻底架空，《一致行动人协议》也就此打破。由此，大亚的家族内斗正式拉开序幕。

离开公司董事会后，陈建军也快速开始反击。2018年8月2日，大亚集团的控股公司意博瑞特召开临时股东会，决定由陈建军担任该公司的执行董事兼总经理，并担任公司法定代表人，还要求陈晓龙在三日内向陈建军移交公司证照、公司印鉴、财务账册等公司财物[3]。但是陈晓龙认为这一临时股东会议作出的决议没有任何效力，并向法院提起诉讼，要求撤销意博瑞特公司8月2日股东大会决议。两兄弟间的权力斗争愈演愈烈，2019年4月17日，母亲戴品哎签发声明，撤回了对陈晓龙大亚集团董事长的任职委派，该声明表示陈晓龙应将大亚集团董事长职权全部移交给陈建军，并宣布在新旧董事长交替期间，大亚集团进入"临时特别措施时期"。但是陈晓龙并不接招，拒

［1］　吴凡.大亚圣象控股股东现家族内讧：兄弟阋墙、母子反目［EB/OL］.（2019-07-15）. https://www.nbd.com.cn/articles/2019-07-15/1354293.html.

［2］　大亚圣象家居股份有限公司董事会.大亚圣象家居股份有限公司第七届董事会第十四次会议决议公告［EB/OL］.（2018-07-19）. https://static.cninfo.com.cn/finalpage/2018-07-19/1205192798.PDF.

［3］　张家振.股东会决议纠纷案落槌董事长变更　大亚集团逾5亿元短期债务压顶［EB/OL］.（2019-08-24）. http://www.cb.com.cn/index/show/bzyc/cv/cv13423841644.

绝返还公司证照、公司印鉴等，并通过大亚集团发出红头文件，宣布对董事长的委派和临时特别措施等均无效[1]。

随着陈氏家族内部围绕公司控制权的争斗逐步激化，矛盾也越来越公开化。2019年7月10日，戴品哎、陈建军作为联合声明人在《江苏法制报》上刊登了一则《大亚集团控股股东严正声明》，强调了当前大亚集团的控股股东为陈建军，斥责陈晓龙拒不移交相关公司的证照等，揭发其在失去职务合法性后对公司的违法操控行为。这则声明将这场权力纷争和家族内斗彻底地公布于众。

2019年7月23日，法院对陈晓龙"要求撤销意博瑞特公司2018年8月2日作出的临时股东会决议"的诉讼请求进行了最终宣判，驳回了陈晓龙的这一诉讼请求，认可了这次临时股东会议的有效性，并要求陈晓龙在三日内向陈建军移交公司证照、公司印鉴等公司财物[2]。这一判决不容置喙地证明了陈建军对公司拥有控制权的事实。在多次交锋之后，最终在2019年8月陈建军出任大亚集团董事长，2019年12月重返大亚圣象董事会，这场家族内斗渐渐走向尾声。

长期的内部斗争对企业的发展并无益处，双方对于大亚圣象以及整个大亚集团的股权争夺和对经营权的划分始终无法达成一致。在2019年7月，大亚集团因资金筹划不善，导致银行借款逾期未及时归还的问题暴露了大亚集团的流动性危机[3]。作为江苏丹阳的骨干企业，当地政府也介入其中积极协调，兄弟二人也开始将主要精力用于共同

[1] 公培佳，徐芸茜.谁的大亚集团？控股股东公开质疑现任董事长"无证上岗"[EB/OL].（2019-07-10）. https://www.chinatimes.net.cn/article/88306.html.

[2] 张家振.股东会决议纠纷案落槌董事长变更　大亚集团逾5亿元短期债务压顶[EB/OL].（2019-08-24）. http://www.cb.com.cn/index/show/gs/cv/cv12529562132.

[3] 阎侠，徐超，孙勇.董事长突发疾病逝世，大亚圣象家族"内斗"戛然而止[EB/OL].（2020-06-01）. https://www.bjnews.com.cn/detail/159100303915882.html.

应对公司危机，在多次谈判后，双方关系逐步进入缓和的轨道并重新明确分工：陈晓龙主要负责大亚圣象，陈建军主要负责大亚集团，兄弟齐心协力，共同延续家族企业的辉煌。在大亚圣象2020年5月召开的董事会上，陈晓龙被选举为公司第八届董事长，成功获得连任，哥哥陈建军也在此次会议上被选举为非独立董事[1]。这标志着两兄弟在控制权之争不断白热化升级之后，终于握手言和，家族内斗的阴霾正在逐渐散去。

可惜世事无常，在两兄弟准备携手共谋大业时，噩耗再一次传来。陈晓龙因突发疾病，医治无效，于2020年5月31日不幸逝世[2]。

1976年出生的陈晓龙，正值一个企业家的黄金时期，正当他在家族事业上展示出超凡的领导才能时却突然逝世，震惊和惋惜之余，也不禁让人想到五年前，其父亲陈兴康突然地撒手人寰，改变了大亚的命运，掀起了一场家族内权力纷争的风波。在五年后，悲剧再次上演，这一场家族内斗就此落下帷幕。可是，长时间的家族内耗带来了一系列连锁反应，在瞬息万变的市场中，让大亚圣象甚至大亚集团在未来的几年内都面临着更大的不确定性[3]。

［1］ 帅可聪，陈锋，吕方锐. 44岁董事长意外猝死 兄弟内斗大戏暂歇 大亚圣象财富悲喜剧有无续集［EB/OL］.（2020-06-02）. https://www.chinatimes.net.cn/article/97332.html.

［2］ 大亚圣象家居股份有限公司董事会. 大亚圣象家居股份有限公司关于公司董事长逝世的公告［EB/OL］.（2020-06-01）. https://static.cninfo.com.cn/finalpage/2020-06-01/1207882263.PDF.

［3］ 张洁，郑明珠，王琳. 子公司遭遇电信诈骗引热议，大亚圣象如何破局增收不增利［EB/OL］.（2022-04-10）. https://www.bjnews.com.cn/detail/1649579836168270.html.

第二节　大亚圣象案例分析

在大亚圣象的整个传承过程中，公司高管团队的持续动荡引人关注，权力纷争与频繁的人事更迭限制了公司的进一步发展壮大。创始人突然离世，留下市值百亿的家业，没有继任计划也没有遗嘱，紧急上任的家族二代在接手公司后，高管到底为何频繁离职呢？

一、家族二代初来乍到：少主难以服众

"少主难以服众"是家族企业在代际传承中普遍面临的困局，二代接班人由于权威不足，往往难以驾驭父亲打下的一片江山。在接管企业初期，往往面临着公司元老的质疑和新旧思想的碰撞等问题，想要平稳地度过这段时期绝非易事。接班人如何应对处理"少主"与"老臣"之间的微妙关系，是其破局的关键。一般来说，家族二代接班人与公司元老之间的博弈会有两种结果：一是接班人获得元老的支持，共图发展；二是双方无法很好磨合，公司元老离开。而大亚圣象，似乎属于后者。

父亲突然离世，大亚圣象的接力棒在仓促之间传到了家族二代手上。没有父亲的保驾护航，这条继承之路从一开始就充满了挑战。在陈兴康过世后的很长一段时间，大亚圣象都处在高管离职的风波之中。

最初，家族内部会议决定先由陈晓龙来主持大局，并委派陈晓龙为大亚集团董事长。然而，对于这一委派，陈兴康的创业合伙人、时任大亚圣象总裁的翁少斌投出了弃权票，原因是"对董事候选人陈晓龙先生的履历情况不太了解"[1]。事实上，从2002年起翁少斌就已经和陈兴康一起打天下了，作为圣象集团的早期创始人，他在推动大亚集团与圣象集团形成战略联盟中功不可没，其自2008年起就一直担任大亚圣象总裁，是公司的核心人物，陈兴康身边的得力干将，对于老战友陈兴康的小儿子、一直在大亚体系内工作的陈晓龙，不会到"不了解"的地步。

圣象拥有较高的品牌知名度，大亚拥有优质原材料，想要布局木业领域的陈兴康，意在将大亚与圣象进行更深度的融合。翁少斌作为圣象集团的早期创始人，后又担任大亚圣象总裁，没有人比他更期盼这一战略的成功实施。然而这并非易事，想要做到真正的融合还有很多的困难。陈兴康的意外离世，让翁少斌少了一位"最佳搭档"，也少了一位坚定的支持者[2]，随着大亚圣象的最高管理层更新换代，家族二代在毫无准备的情况下全面接管了公司，大亚圣象的未来发展有了更多的可能性，同时也有了更多不确定性。在陈晓龙当选董事长的次月，翁少斌便辞去了上市公司的所有职务，仅担任圣象集团董事长[3]，这也表明了其对大亚二代接班人的态度。

---

[1] 大亚科技股份有限公司董事会.大亚科技股份有限公司第六届董事会2015年第四次临时会议决议公告［EB/OL］.（2015-08-07）. https://static.cninfo.com.cn/finalpage/2015-08-07/1201401203.PDF.

[2] 梁笑梅.股东不和致高层动荡 大亚科技前途未卜［EB/OL］.（2015-11-01）. https://mp.weixin.qq.com/s/i5W5YSRzepHe8jJMLS1uTg.

[3] 大亚科技股份有限公司董事会.大亚科技股份有限公司关于公司董事、总裁辞职的公告［EB/OL］.（2015-10-13）. https://static.cninfo.com.cn/finalpage/2015-10-13/1201683908.PDF

在翁少斌辞职后不久，跟随陈兴康身边长达 17 年的董事会秘书宋立柱也辞职了[1]。总之，换帅之后的大亚圣象，公司的两位元老已无意再参与其中。

父辈在家族企业中的威望可以为二代接班人提供一定的保障，但同时也会成为其接班过程中的一大障碍。对于跟随父辈一起打拼的公司元老来说，年轻的接班人经验不足、没有与企业共同成长的经历，加之两代人的生活环境、教育背景等存在较大差异，所以当二代进入家族企业时，尤其是大亚圣象老董事长突然离世，家族二代仓促接班的这一情况下，公司老臣与年轻少主之间的冲突难以避免。当二代接班人无法构建起与自己职权相匹配的权威时，公司元老的离开并不让人意外。

二、内斗不止与高层动荡不休：与高管团队间的博弈

掌门人易位与领导权的变更对企业来说意味着重大的权力格局重构，二代继承者会努力重建以自己为中心的权力秩序，逐渐组建起自己的高管团队，以加强自己对公司的领导。尤其是当公司内部的竞争氛围较强时，各方会加强对其自身资源领地的维护，以使自己在竞争中具有更多的优势（魏峰和马玉洁，2018）。在大亚圣象的传承中，创始人陈兴康并未提前做传承安排，两个儿子在公司内的权威相近，且都有接班意愿，在创始人去世后双方为争夺公司控制权互不相让，公司内部很长的一段时间内都处于较强的竞争氛围中，两位接班人与高管之间的博弈也随着家族内斗的爆发愈演愈烈：于接班人而言，在争夺控制权时，对于会对自己的地位产生威胁的公司高管有高度的戒

---

[1]　大亚科技股份有限公司董事会. 大亚科技股份有限公司关于董事会秘书辞职及新聘董事会秘书的公告［EB/OL］.（2016-01-21）. https://static.cninfo.com.cn/finalpage/2016-01-21/1201928887.PDF.

备，某一方在掌权后都会尽可能地清理内部关系，不会将可能转向竞争对手、对自己的管理有潜在威胁的高管留下；于高管而言，接班人之间的内部持续斗争可能会侵占原本属于自己的利益，影响自己在职期间交出的"成绩单"。所以，在陈建军与陈晓龙两兄弟僵持不下的同时，大亚圣象的高层动荡也不止不休。

在 2018 年 7 月 19 日，大亚圣象连发了三份公告波及公司的三位高管，宣告了家族权力纷争大戏正式打响[1][2][3]。对于陈晓龙来说，母亲将股权转让给了对董事长之位虎视眈眈的哥哥陈建军后，打破了原来的平衡，所以其不能再让陈建军继续留在公司威胁自己的管理地位，因此陈晓龙立即采取行动，解除陈建军的董事等职务。随陈建军一起离开公司的还有两位高管：公司董事、财务总监陈钢和公司副总裁、董事会秘书吴谷华，其中陈钢在辞去公司董事等职务后仍留任公司财务总监。这一人事变动其实早有端倪，因为在辞职之前，两人均将其能减持的股票全部抛售，为这即将到来的暴风雨做好了准备。陈钢和吴谷华在两兄弟间似乎更支持哥哥陈建军，作为公司高管的二人身处家族内斗的旋涡中心，在陈建军被迫离开后也主动请辞[4]。

与此同时，陈晓龙也着手组建自己的高管团队，他请来了一名外援——刚辞任美的集团副总裁半年的吴文新。在解除陈建军董事职务

[1] 大亚圣象家居股份有限公司董事会.大亚圣象家居股份有限公司关于副总裁、董事会秘书辞职的公告［EB/OL］.（2018-07-19）. https://static.cninfo.com.cn/finalpage/2018-07-19/1205192796.PDF.

[2] 大亚圣象家居股份有限公司董事会..大亚圣象家居股份有限公司关于更换公司董事的公告［EB/OL］.（2018-07-19）. https://static.cninfo.com.cn/finalpage/2018-07-19/1205192794.PDF.

[3] 大亚圣象家居股份有限公司董事会.大亚圣象家居股份有限公司关于公司董事辞职的公告［EB/OL］.（2018-07-19）. https://static.cninfo.com.cn/finalpage/2018-07-19/1205192793.PDF.

[4] 王玥.内忧外患不断　大亚圣象发展受挫［N］.中国商报，2018-08-07（6）.

的同时，吴文新空降大亚圣象，接替陈建军进入大亚圣象董事会[1]，并出任公司总裁[2]。

大亚圣象高层的频繁变动引发了证券市场对于公司的内部运作出现了重大问题的猜测，公司因此收到了深交所发出的关注函。对此，大亚圣象回复称，此举是为了完善公司治理结构，确保董事会高效运作和科学决策，防止公司出现家族企业的诟病[3]。

家族内斗不停，大亚圣象的高层动荡就不会止。陈建军在获得母亲的股权后，其持有大亚集团股份超过50%成为控股股东，而大亚集团则是大亚圣象的第一大股东[4]，因此陈建军要反制陈晓龙变得容易很多，随后也迅速做了一系列的反击。而作为职业经理人的吴文新，其与家族企业并没有血缘、亲情等的羁绊，相反地，他与大亚的家族成员所求利益和目标并不完全一致，大部分的职业经理人其实是把当下的工作当作自己职业生涯的跳板，他们最关心的是自己在职期间的业绩，不会为了家族二代接班人能够坐稳自己的位置而牺牲自己的"成绩单"。一方面，随着控股股东陈建军的反击和施压，由陈晓龙引进公司，当初顶替了陈建军董事之位的吴文新，明白这场控制权之争大局已定；另一方面，在吴文新入职大亚圣象期间，持续的家族内斗对

---

[1] 大亚圣象家居股份有限公司董事会.大亚圣象家居股份有限公司关于更换公司董事的公告[EB/OL].（2018-08-07）.https://static.cninfo.com.cn/finalpage/2018-08-07/1205261904.PDF.

[2] 大亚圣象家居股份有限公司董事会.大业圣象家居股份有限公司第七届董事会第十四次会议决议公告[EB/OL].（2018-07-19）.https://static.cninfo.com.cn/finalpage/2018-07-19/1205192798.PDF.

[3] 大亚圣象家居股份有限公司董事会.大亚圣象家居股份有限公司关于深圳证券交易所关注函回复的公告[EB/OL].（2018-07-27）.https://static.cninfo.com.cn/finalpage/2018-07-27/1205232756.PDF.

[4] 张家振."家族内耗"风波下的大亚集团梦归何处[EB/OL].（2019-08-03）.http://www.cb.com.cn/index/show/bzyc/cv/cv13421131643.

公司的发展并不是好事，公司经营定会受到影响，其作为职业经理人所交出的答卷也不会乐观。或许已经感受到了职业危机，在 2018 年 12 月，刚上任不久的吴文新就宣布辞职，这距离他加入大亚圣象才不到半年时间[1]。

高管团队是企业战略的制定者和执行者，是公司的核心圈层，其稳定性体现出了公司内部的凝聚力，高管的频繁变更无疑会对企业的经营决策和利益相关者的利益产生重要影响。此番吴文新辞职，使大亚圣象的管理层结构不合理的问题更加突出，整个公司的高管团队仅剩财务总监陈钢和新任董事会秘书沈龙强两人，且公司总裁在之后很长一段时间都处于空缺状态，这对一家上市公司来说是罕见的情况，这也让大亚圣象再一次站在风口浪尖，在二级市场上，股价走势不佳，公司市值缩水[2]。

当初接替陈建军的吴文新辞职，吹响了陈建军回归大亚圣象的号角。果然，在 2019 年 7 月法院裁定意博瑞特的临时股东会决议有效不久后，2019 年 8 月，陈建军出任大亚集团董事长，同年 12 月，增补为大亚圣象董事[3]，顺利回归大亚圣象董事会。

在陈晓龙去世后，陈建军接手了大亚圣象，担任上市公司董事长。此时陈建军已离开公司一年之久，且之前一直是弟弟陈晓龙把控着公司，所以他亟须建立一个自己信得过的高管团队辅佐自己。所以在陈建军上任后，已经同他一起回归大亚圣象董事会的陈钢，被聘任

[1] 大亚圣象家居股份有限公司董事会. 大亚圣象家居股份有限公司关于董事、总裁辞职的公告［EB/OL］.（2018-12-27）. https://static.cninfo.com.cn/finalpage/2018-12-27/1205691831.PDF.

[2] 明鸿泽. 大亚圣象总经理多个高管岗位空缺超半年 实控人兄弟内讧持续升级市值两年蒸发 70 亿［N］. 长江商报，2019-08-05（A05）.

[3] 大亚圣象家居股份有限公司董事会. 大亚圣象家居股份有限公司 2019 年年度报告［EB/OL］.（2020-04-28）. https://static.cninfo.com.cn/finalpage/2020-04-28/1207638489.PDF.

为公司副总裁，不久之后吴谷华也出任公司总裁和董事会秘书[1]。自此，当初一起退出公司的三人再一次并肩作战，大亚圣象高管层动荡告一段落，高管团队终于稳定下来。

在代际传承过程中，来自管理层的认同是影响继任者树立权威和顺利推行新政的重要因素，处理与公司元老的关系、聘用职业经理人、推行改革战略等均是对家族二代接班人的考验。所谓"扶上马，送一程"（祝振铎等，2018），经验不足、权威缺失的大亚接班人已经在马背上了，当父亲已无法再发挥靠山力量时，他们迫切需要有经验的公司元老和稳定的高管团队来助力，以度过交接班的动荡期。然而，在大亚圣象二代接班人接管企业初期，公司元老就相继离开，这让他们的继承之路变得更加艰难。当公司从父亲去世带来的打击中逐渐恢复时，家族内部的权力纷争再次搅起高管离职的风波。"城门失火，殃及池鱼"，在兄弟二人的内斗中，双方为了稳住自己的地位而与高管展开的博弈让公司管理层频繁出现人事更迭。这种长期没有稳定高管团队的状态影响了传承后的公司绩效，对大亚圣象甚至是大亚集团的经营和发展带来了挑战。

三、大船触礁：内忧未平，外患频起

作为企业内部影响战略决策以及未来发展方向的核心，高管对企业每个时期的经营发展都至关重要。合理的高管变更有利于企业去除冗余人员，吸收新鲜血液，但过于频繁的变更会影响高管团队成员之间的默契程度，进而影响企业做出科学决策（刘喜华和张馨月，

---

[1] 大亚圣象家居股份有限公司董事会.大亚圣象家居股份有限公司2021年年度报告［EB/OL］.（2022-03-29）.https://static.cninfo.com.cn/finalpage/2022-03-29/1212705334.PDF.

2023）。因此，随着大亚圣象的高层动荡，公司出现业绩下滑等情况并不令人意外[1]。大亚圣象的营收增幅自 2016 年开始持续收窄，直到 2021 年才首次超过创始人陈兴康掌舵最后一年也就是 2015 年的营收水平[2]。从图 9-2 中可以看出，大亚圣象的净利润增速逐渐放缓，在 2018 年年中家族内斗正式打响、公司高管开始频繁离职之后，从 2019 年开始大亚圣象的净利润便开始逐年下降。在外部大环境和内部因素的共同影响下，2022 年净利润同比下滑 29.38%[3]。

陈晓龙去世后，家族内斗和高层动荡正式结束，但对公司造成的影响并没有止于此。在新掌门陈建军掌舵的三年里，大亚圣象的航行之路并不容易。

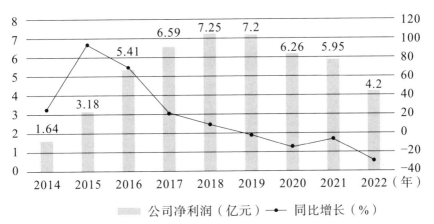

图 9-2　大亚圣象 2014—2022 年公司净利润及同比增长

资料来源：根据中证网披露的大亚圣象历年公司年报数据整理

---

［1］　李瑞娜.大亚圣象困局［EB/OL］.（2020-10-17）.http://www.cb.com.cn/index/show/bzyc/cv/cv13476541644.

［2］　张孙明烁，张家振.四年来首现营收负增长　大亚圣象或陷"战略迷途"［EB/OL］.（2021-04-17）.http://www.cb.com.cn/index/show/bzyc/cv/cv135102841644.

［3］　于帅卿.净利润 4 连降，子公司承诺期满业绩大幅下滑，大亚圣象收问询函［EB/OL］.（2023-07-05）.https://www.creb.com.cn/jc/193276.jhtml.

家族长期内讧以及大亚圣象高管长时间缺位，最终还是影响到了大亚集团的资金链。2019 年 7 月 27 日，一纸公告揭开了大亚集团这家行业龙头债务逾期的窘境。根据大亚圣象的公告，其公司控股股东大亚集团因资金筹划不善，造成资金周转困难，集团及其下属控股子公司共有 3.69 亿元的银行借款逾期未及时归还。同时，早前因 2000 万元的债务逾期问题，大亚集团所持公司股份累计被司法冻结 263.36 万股，还有 2.33 亿股被质押，股权质押率为 91.65%，这 7 笔借款的到期时间均在大亚家族内斗期间[1]。陈建军在接受采访时称，逾期借款问题主要是大亚集团内部审批程序出现问题造成的，不是经营基本面资金短缺造成的[2]。

大亚圣象的债务危机不止涉及银行，还延伸到了业主处。大亚集团在丹阳当地开发的高端楼盘"大亚第一城"，因债务问题将土地证抵押给江苏银行，而后深陷债务危机导致土地迟迟不能拿回来，没办法为业主办理房产证，遭到业主维权[3]。不仅如此，早在 2018 年 7 月 18 日，即陈建军被提议离开董事会的前一天，大亚圣象旗下核心子公司圣象集团被环保组织取消会员资格，称其在环保问题出现后未能及时督促整改，未尽到企业应尽的环保和社会责任，大亚圣象的"绿色产业链"战略受到外界质疑，陷入环保危机[4]。

[1] 大亚圣象家居股份有限公司董事会.大亚圣象家居股份有限公司关于控股股东部分股份被司法冻结及部分银行借款逾期的公告[EB/OL].（2019-07-27）. https://static.cninfo.com.cn/finalpage/2019-07-27/1206479546.PDF.

[2] 张家振."家族内耗"风波下的大亚集团梦归何处[EB/OL].（2019-08-03）. http://www.cb.com.cn/index/show/bzyc/cv/cv13421131643.

[3] 臧晓松."大亚第一城"遭维权 大亚圣象大股东危机升级[N].证券时报,2019-08-26（A005）.

[4] 夏冰,祝裕.未将企业应尽的环保和社会责任履行到位 阿拉善 SEE 生态协会取消圣象集团会员资格[EB/OL].（2018-07-18）. https://www.nbd.com.cn/articles/2018-07-18/1236468.html.

　　家族内斗和高层动荡的"余震"还在继续影响着大亚圣象。2021年12月，公司收到了江苏省证监会的警示函，指出其实际控制人控制公司的情况发生较大变化时，公司未及时履行相关信息披露义务，以及公司董事、监事、高管2019年报酬披露不准确、财务管理和会计核算不规范[1]。刚领完罚单不久，大亚圣象就在年报之中披露了其子公司遭遇电信诈骗，涉案金额达356.9万美元[2]。作为一家上市公司，数千万元的巨款，应该由公司内部层层审批和把关，出现此类纰漏反映出了公司内部管理的规范问题。

　　"自古创业而失之者少，守成而失之者多。"家族企业的传承与继任是关乎企业成长和发展的关键，在这个关键的节点上，继任者拥有足够强大和稳固的高管团队是保证企业平稳度过交接班动荡期的强劲力量。然而，创始人的意外去世和对传承问题的疏忽，使得大亚圣象的继承之路困难重重。家族内斗与高层持续动荡让公司的高管团队成为"拦路虎"而非"清道夫"，影响了这家行业龙头企业在传承后的发展。

---

［1］ 大亚圣象家居股份有限公司董事会.大亚圣象家居股份有限公司关于收到江苏证监局警示函的公告［EB/OL］.（2021-12-07）. https://static.cninfo.com.cn/finalpage/2021-12-07/1211819247.PDF.

［2］ 大亚圣象家居股份有限公司董事会.大亚圣象家居股份有限公司2021年年度报告［EB/OL］.（2022-03-29）. https://static.cninfo.com.cn/finalpage/2022-03-29/1212705334.PDF.

第三节　大亚圣象事业传承总结与评价

　　三百多年前，在康熙年间发生了历史上世人皆知的"九子夺嫡"，在三百多年后，一家市值百亿的上市公司因创始人突然去世，引发两个儿子间的"皇权之争"，最终又戏剧般地落幕。数千年来，权力如何顺利传承一直是难以善解的一道题。我国的家族企业在经历了初创期的艰辛后，发展成为如今国民经济中最为活跃的组成部分之一，而市场环境日新月异，单靠个人的力量来经营企业越来越显得力不从心，掌权者不得不放眼于有经验的高管和职业经理人以帮助自己打理家族企业，在传承过程中如何降低家族内部的冲突和代理问题，促进家族企业的持续健康发展，已经成为当前关注的焦点。回顾大亚圣象的传承之路，围绕以下三点对其家族内斗、高管层动荡的原因以及如何规避做出了总结与评价。

一、家族企业代际传承计划缺失

　　相比于独生子女家族企业，多子女家族企业由于潜在接班人范围广，其传承过程也更加复杂，因此，传承计划的制订也更加重要。对于拥有两个潜在接班人的大亚圣象，创始人陈兴康有突出的个人才能和充沛的精力全权负责整个企业的经营，在过去的几十年里不断推动着企业向前发展。然而当其遭遇意外时，没有提前对传承事宜做出安排，使企业经营面临着巨大的风险。传承计划的缺失很可能引起企业权力格局的剧变，子嗣之间可能为了争夺控制权发生激烈的冲突，无法正确看待企业的经营与发展。

大亚圣象的创始人陈兴康去世时已年近70岁，但似乎仍未有明确的传承安排，其子女也没有在核心职位历练，可见其本人当时还并未为自己退出企业的经营管理而做打算，这种现象不单单出现在大亚圣象与陈氏家族中，在其他家族企业中也屡见不鲜。究其原因，可能是对于创始人而言，他们对企业倾注了全部的心血，白手起家、从无到有，家族企业在其心中的地位与意义是毋庸置疑的，然而人终究会老去，创始人可能不愿接受和面对有一天自己无法再管理这个企业的事实而不愿放手，导致没有提前布局传承规划，尽早让下一代逐步进入和接管企业。

对于家族企业来说，代际传承是关乎企业能否延续的重要的环节，因此有必要尽早进行准备。在大亚圣象的传承中，因为没有提前做好接班安排以及为接班人铺路，家族二代接班人接管公司后高管频繁离职，兄弟内讧以致对簿公堂。家族企业的代际传承不仅在于权力的交接，还涉及家族价值观、创业精神等的传递，从传承方式的选择，到挑选接班人、培养接班人、树立权威，并不是一朝一夕就能完成，并且在这个过程中要考虑公司元老与二代的冲突、多个二代争权的冲突等问题，需要较长的准备和过渡阶段，所以创始人需要尽早提出和制订传承计划，以免继任者在没有做好准备的情况下接手，给企业可持续发展造成影响。

二、企业层面的监督制衡力量不足

从股权制衡角度来看，股权结构是公司治理机制的基础，在股东权力行使的方式和行使的效果上起着重要作用,对公司的治理模式和运作方式都有较大影响。当公司股权高度集中时,一方面,控股股东是公司在法律层面的拥有者,其有较强的动力去监督公司的经营者;另一方面,控股股东有权直接任免总经理,在其他股东均为小股东的情况下,不足以对抗控股股东,小股东对公司经理的监督便成为问题。当股权高度分散时,对经理的监督便成为一个非常严重的问题,股东们不想付出监督成本,存在"搭便车"的心理,对公司经理也难以形成有效的监督(郭春丽,2002)。因此,股权制衡是公司大股东之间相互监督、避免中小股东利益受到掠夺的重要机制。

在大亚圣象的股权分配中,陈兴康生前持有意博瑞特51%股权[1],是公司的实际控制人,其突然离世导致股权的重新分配,妻子戴品哎得到家族企业大部分股权,剩余股权由子女三人均分,子女之间的股权分配相对均衡。当经营策略发生分歧时,家族二代之间彼此股权相等,因而具有相同的话语权,在该阶段容易产生分歧和矛盾,此时,拥有大部分股权的母亲戴品哎成为制衡的关键。此外,大亚圣象的最高决策机构是股东大会,下设董事会和监事会。陈兴康病逝后,两个儿子陈建军和陈晓龙都进入了大亚集团董事会,如前所述,陈晓龙担任大亚圣象董事长,负责打理公司事务,而陈建军负责圣象品牌的经营管理,陈兴康的女婿眭敏也是大亚圣象董事会成员,公司所有权和经营权都掌控在家族手中,并且在这期间几位职业经理人的相继离职也更加强化了家族集权管理。公司的大多数股份都由陈氏家族成员掌握着,形成了少数大股东掌握公司大部分股权的情况,公司董事会和管理层其他成员所持有的股份比例很低。小股东无法形成有效的

---

[1] 大亚科技股份有限公司董事会.大亚科技股份有限公司2014年年度报告[EB/OL].(2015-03-24).https://static.cninfo.com.cn/finalpage/2015-03-24/1200730486.PDF.

监督，甚至放弃监督，而董监高也难以各司其职，公司的外部治理机制难以发挥作用。这也导致在两兄弟为了争夺控制权影响公司经营时，没有足够的力量来对此进行制衡，无法有效阻止内耗。

对于家族企业来说，完善股权结构，建立科学的、公平公正的内部治理机制，是防止监督和制衡不足的根本措施。因此，为了避免控制权的争夺，企业应该建立股权制衡制度，制定严格的股东协议，明确控制权的分配机制，既要防止一家独大、小股东利益无法保障的情况；也要避免多个有接班意愿的子女之间股权相同，应该考虑让更符合继任条件的继承人长期把持公司权柄。同时，加强董事会制度建设，充分发挥独立董事的职能与作用。此外，由于在家族企业治理中，掺杂着家族成员之间的情感要素，非家族管理者的理性思考就显得至关重要，因此可以引入职业经理人来加强内部控制，同时非家族管理者需持有家族企业一定的股份，保证在家族内部产生冲突时，非家族成员能对此形成有效制约。

三、家族层面的成员关系治理失效

家族成员之间的亲缘纽带，使得家族企业有着非家族企业不具备的凝聚力和认同感，这种情感关系在家族企业的经营管理中发挥着重要的作用。然而，"水能载舟，亦能覆舟"，当矛盾与冲突超过亲缘关系的承受能力时，关系破裂与家族内讧也可能让家族企业分崩离析，因此对于身处家族企业中的家族来说，亲缘关系的维系比一般的家庭更加重要。在大亚圣象的案例中，家族二代为了争夺公司控制权，忽视了家族情感、信任、尊重等，上演了抢夺公章、公开声明、对簿公堂等戏码，家族关系治理已然失效。然而，在管理层动荡不止、公司负面新闻频出、公司业绩持续下降等情况发生后，兄弟俩才意识到这一点。

陈兴康离世后，《一致行动人协议》约定四人共同经营家族企业，维护家族利益，大亚圣象和大亚集团平稳地度过了三年。然而在母亲戴品哎将股权转让给大儿子陈建军一事发生后不久，陈建军就被弟弟陈晓龙解除了公司职务，被彻底地隔绝在公司之外。公平感是维系家族关系的重要因素，不公平感会成为家族冲突的触发因素，母亲直接将大部分股权转让给在公司任职时间更短的陈建军，这对于有接班意愿并且一直在公司里努力工作的陈晓龙而言可能难以接受，产生了不公平感，引发了家庭成员之间的信任危机。随后，陈晓龙迅速利用自己对公司的控制解除了哥哥陈建军的职务，两兄弟为了公司的控制权僵持不下。随着家族关系的冲突不断升级，在消极和负面的心理支配下，家族成员之间的关系变僵，抑制了家族成员之间的信息交流，影响公司的经营和治理。

《论语》有云"入则孝，出则悌"，在中国传统的价值观念中，"家"一直是重要的概念，"血浓于水"的情感关系备受珍视。在此文化背景下，手足之间应该是更加团结信任、互相扶持，在企业的经营上，出于对家族地位、社会声望的维护，在企业目标、战略等方面应该更能够达成一致。然而不论是历史上的"九子夺嫡"还是今日大亚圣象的家族内斗，手足之间存在冲突和竞争的例子屡见不鲜。因此，鉴于家族企业的特殊性，家族不仅要进行企业管理，也要注意家族成员之间的关系治理，强调"家文化"，培养家族成员对家族的情感，通过设立家族委员会、制定家族宪章[1]等手段来凝聚家族成员，同时尽量平衡各成员之间的利益分配，降低成员之间发生冲突的可能性，做到"家企双重治理"。

---

[1] 陈震，卫杰，缪若予，等.以家族治理为基石，家族企业从"人治"走向"法治"[R].麦肯锡中国，2023.

本章主要参考文献

［1］曾颖娴，邹立凯，李新春.家族企业传承期更容易发生高管辞职？［J］.经济管理，2021，43（8）：107-123.

［2］陈文婷.家族企业继任模式与创业变革：一个理论分析框架——基于动态社会情感财富视角的分析［J］.经济管理，2022，44（3）：196-208.

［3］窦军生，贾生华."家业"何以长青？——企业家个体层面家族企业代际传承要素的识别［J］.管理世界，2008（9）：105-117.

［4］郭春丽.上市公司的股权结构、公司治理与经营绩效［J］.经济管理，2002（8）：72-79.

［5］李新春，韩剑，李炜文.传承还是另创领地？——家族企业二代继承的权威合法性建构［J］.管理世界，2015（6）：110-124.

［6］刘喜华，张馨月.高管团队稳定性对企业并购行为的影响：基于中国 A 股上市公司的实证研究［J］.技术经济，2023，42（4）：160-171.

［7］罗进辉，刘玥，杨帆.高管团队稳定性与公司债务融资成本［J］.南开管理评论，2023，26（5）：95-106.

［8］魏峰，马玉洁.领导领地行为与下属知识隐藏的影响机制研究［J］.工业工程与管理，2018，23（4）：179-185.

［9］翁若宇，陈秋平，陈爱华."手足亲情"能否提升企业经营效率？——来自 A 股上市手足型家族企业的证据［J］.经济管理，2019，41（7）：88-104.

［10］徐世豪，贺小刚，陈元.兄弟姐妹共治缓解还是加剧家族企业代理问题？［J］.经济管理，2022，44（7）：101-120.

［11］祝振铎，李新春，叶文平."扶上马，送一程"：家族企业代际传承中的战略变革与父爱主义［J］.管理世界，2018，34（11）：65-79，196.